風と土の秋田

二十年後の日本を生きる
豊かさのヒント

藤本智士

のんびりの思い。

秋田にはうまい飯とうまい酒があります。
その豊かさが秋田の実直なものづくりを支えてきました。
そして同時に、秋田の人々のなかには
おおらかで力強い「のんびり」精神が育まれました。

そんなのんびり秋田は
右肩上がりな経済成長というゴールなきゴールに向かい
懸命に走ってきた日本にとって
まるでビリを走るランナーのように映っていたかもしれません。

けれど世の中は変わりました。

順位など気にせずのんびり歩いてきたことが
まさに「Ｎｏｎビリ」となる時代がやってきました。
日本人の多くは今、うまい飯が食べられて、うまい酒が飲めるという
当たり前の豊かさについて考え直しています。
しかし秋田では昔も今も、ずっと
それが人々の暮らしの真ん中にありました。

ビリだ一番だ。上だ下だ。と、相対的な価値にまどわされることなく
自分の町を誇りに思い、よその町をも認め合う。
そんなニッポンのあたらしい〝ふつう〟を
秋田から提案してみようと思います。

Photo: Masashi Asada

目次

秋田な理由

僕が最初に秋田という土地に心惹かれたのは二〇〇九年一月のこと。青森での取材を終えたその帰り道、取材チーム五人を乗せたハイエースは夜遅くに秋田に入りました。その日はずいぶんな大雪で、高速道路の上にもかかわらず、前が見えなくなるほどの吹雪に、恐ろしいやら楽しいやら異様な興奮のままに車を走らせた僕たちでしたが、さすがに危険だと早々に高速を降り、秋田県北部の大館市あたりで車中泊。翌朝、それぞれの体内時計のままに、ぱらぱらと目を覚ました僕たちは、起きたての頭のせいか、目の前に広がる真っ白な光景に言葉をなくしたまま、ふかふかの雪にいくつものシャッター音を染み込ませていました。

兵庫県で暮らす僕をはじめ、偶然にも取材チーム全員が西日本出身だったこともあって、僕たちは白く美しい雪の下にあるはずの苦労や徒労感に仄かな不謹慎さを感じつつも、衝動に勝てぬまま雪にダイブ。堰を切ったように大の大人がヘトヘトになるまで雪遊びを楽しみました。そのあとも少し走っては車を停めて写真を撮り、また少し走っては車を停めてと、遅々として進まないハイエースに痺れを切らすように、どこか明確な目的地が欲しくなった僕は、通りがかった「道の駅かみこあに」で、秋田県南部の羽後町《うごまち》でちょうど今日開催されるという「花嫁道中」なる魅力的な名前の行事の存在を知ります。いま思えば、道の駅のある上小阿仁村から羽後町までは、僕の地元神戸で喩えると、余裕で岡山まで行けるほどの距離なのですが、知らぬが仏。同じ秋田県内だしすぐ着くだろうと行ってみた僕たちが現場に辿り着いたときにはすっかり陽が落ちていました。

厳しい冬の象徴のような羽後町の七曲峠。降り積もる雪のなかで行われる「花嫁道中」は、その年に結婚するカップルが一組選ばれ、ゴールの旧長谷山邸という立派なお屋敷まで、峠の麓から雪のなかを馬そりで上がってくるという、なんとも幻想的な行事。花嫁たちよりも一足先に辿り着くことができた僕たちは、雪寄せの壁に掘られた小さな穴のなか、ゆらゆらと揺れるろうそくの火の前で、いまかいまかと花嫁たちの到着を待ちました。しばらくすると遠く暗闇のなかから、馬そりの明かりが見えてきます。まるで昔話の世界のように、傘をかぶった男衆が馬を引き、花嫁と花婿が乗る馬そりのまわりには、長い道のりを健気に歩ききった子どもたちの姿もありました。もんぺに蓑《みの》という、いかにも雪ん子なその姿に心を奪われていると、その子らの親なのか、方々から「よく頑張ったねぇ」と子どもたちをねぎらう声が聞こえ、ようやく行列の歩みが止まります。雪よけに和傘を向けられた花婿と花嫁が馬そりを降りてステージへと移動、集落の長らしき仲人役の男性がお客さんたちに向かって、二人の紹介を始めます。実は今年の花婿は、今日の子どもたちのように、かつて花嫁とともに峠を上ってきた子どもの一人だったという話に、僕はなんだかとても感動してしまって、まったく見知らぬ二人の門出を心から祝福したい気持ちで胸がいっぱいになります。そのあと、花嫁花婿と子どもたちによる餅まきがあり、幸運にも餅をキャッチできた僕は大興奮。そこにきて、まさかまさか、旧長谷山邸のすぐ裏から大きな花火が何発も打ち上げられるものだから、ついにタガがはずれたのか、抑えきれない高揚感とともに涙が次々とこぼれてしまいました。それがなんだか恥ずかしくって、こっそりまわりを見渡してみたら、シャッターを切る仲間たちみんなが、真冬の秋田で、それぞれに号泣していて、ああこの町をまた訪れたいなと思ったのでした。

あの日から約三年が経ち、僕は縁あって秋田県庁が発行する「のんびり」というフリーマガジンの編集長を務めることになりました。そこからさらに丸四年、計一六号を発行してきた「のんびり」の特集の一部をまとめたものが本書です。兵庫県に住むよそ者の僕が、秋田の魅力を発信する大切な雑誌の編集長になるということに対して、当初はきっと反対意見もあったかと思います。しかし僕は、このお仕事を引き受けることに対して、気後れするどころか、一欠片の躊躇もありませんでした。日本全国を旅しながら感じていたよそ者の使命。

地元の人たちにとっては、当たり前すぎて気づけないスペシャルを見出し、編集のチカラをもってそれをカタチにしていくことの意義を、僕は少なからず感じていましたし、なにより、いよいよそのことが大事な時代が来たと強く思っていました。またそれは僕にとって秋田でなければなりませんでした。

経済成長を前提とした都会のやり方が正解であり最先端であるという幻想は、日本中の地方の個性を消していきました。右肩上がりな経済を信じ、その土地特有の文化を自ら壊すことに奔走した時代は終わり、いま日本中の地方が消え去りかけた個性を再度抽出培養しようと躍起になっています。そんななかにあって、あらためていま、秋田との出会いのきっかけとなった「花嫁道中」を思い出してみたとき、その出会いがいかに象徴的であったかということに驚きます。当時、兵庫県の自宅に戻って、あの夜の体験を記事にするべく「花嫁道中」について調べていた僕は、そこに書かれたある文を見て驚きました。風俗慣習、民俗芸能などの重要無形民俗文化財の件数が日本一という秋田県。てっきり「花嫁道中」も羽後町で脈々と受け継がれ守られてきた伝統行事と思い込んでいたのですが、そこには「昭和六一年からはじまった」と書かれていて、思わず目を疑います。ここで、許可を得て羽後町のHPに書かれている文章をそのまま引用させてもらうことにします。

昭和40年代羽後町は秋田県で一番出稼ぎの多い町でした。冬の間は家庭からお父さんやおじいちゃんがいなくなる家庭がとても多かったのです。だから、残された家族で雪かきや雪下ろしの作業は大変なことだったのです。こんなことから「雪ふらにゃばえな！」「早く春が来ないかな！」「冬だばやだな！」など「冬はいやなもの、暗いもの」という考えを持つ人が増えていったのです。

でも、考えてみてください。冬にはスキーができます。かまくらを作って遊べます。野菜も雪の下に保存すれば凍りつきません。純白の世界はとってもステキです。山にたくわえられた雪は、春の農業用水に使えます。いいこともたくさんあります。

昭和60年当時の若者達が、暗いふんいきになりがちな冬に、みんなが楽しくなるようなイベントをやろうと考えたから冬におこなうのです。

羽後町では近年、イベントが近づくと昔とは逆に、「雪が降らないこと」を心配するようになりました。今では、「雪コふって、エガッタんしなあ！」「んだんしな！」などという会話があちこちで聞こえるようになりました。

日本全国を旅しながら、感じていたよそ者の価値。それはときに、都会からやってきたよそ者の考え方を無闇に受け入れ、ひたすら受け身に方法論を請うという態度に繋がりかねません。しかし少なくとも、昭和六〇年当時の羽後町の若者たちはそうではありませんでした。よそ者がいなくとも、「雪国こそ楽園にしよう！」と自ら価値観をチェンジすることができた。それはなぜか？　きっとそれはとても単純に、そうせざるを得ないほど、切羽詰まっていたということなのだと思うのです。翻って現在について考えてみたとき、秋田県は人口減少、少子高齢化ナンバーワン。ある意味で昭和六〇年頃以上に切羽詰まった状況といえます。日本中の人口が減少し、日本中で少子高齢化が進むいま、秋田県はそういう意味でのトップランナーです。この切羽詰まった町で、よそ者と土地の者が一緒になって行動を起こせば、日本の未来に繋がる事例を生み出すことができるはず。そう僕は考えました。新しい風を吹かせる役割の僕のような旅人と、その風穴をたしかな突破口とすべく継続的に事を推し進めていく土地の人。そんな風の人と土の人が一緒になってはじめて新しい風土が生まれる。僕は常にそのことをまんなかに編集者という仕事をしています。本書を、そういったアプローチのドキュメントであり、そこから派生し、いまもなお現在進行形で進む秋田のさまざまなチャレンジの原点の記録として見ていただければ、本書をまとめた価値があるのかなと思います。そしてなにより元々のフリーマガジン「のんびり」がそうだったように、本書との出会いをもって、秋田を訪れたいと思っていただければとても幸福です。

マタギから僕たちが授かったもの

第1章　「マタギ」ってなんだろう？

秋田に来るようになって、耳にする機会が増えた「マタギ」という言葉。なんとなくの知識はあるもので、一言で言うなら「山に住む狩猟の民」？　しかしそれが正しいのかすら、よくわかりません。ということで、県内メンバーにマタギについて聞いてみるのですが……。

●マタギとは、狩猟を生業《なりわい》にする人たちのこと。
●秋田県の阿仁《あに》という地区にマタギの里がある。
●マタギのルーツは秋田だ。
●いまも秋田にはマタギの人がいるらしい。

正直、僕の理解とそう大差はない返答。けれどそのことが俄然、僕の興味をかきたてます。実際に現代を生きているというマタギが、どんな暮らしをしているのか？　そのことについては、県内のメンバーもよくわからないのです。ならばそれを確かめたい。自動販売機やコンビニであふれるこの時代に、山で猟をしてそれを生業にするなんてことがあるとは到底思えません。しかし、だからこそ消えゆくこの文化のなかに、ギリギリ灯されている小さな炎の揺らめきと、それを必死に守ろうとする人々の気配を僕は感じました。それが今回の特集の動機のすべてです。

映画『マタギ』

何度か編集会議をするなかで、秋田メンバーの口から気になるワードが出てきました。それは、映画『マタギ』。あまりにストレートなタイトルのその作品は、一九八二年に公開された邦画で、おもしろいことに秋田メンバーの多くが、小学校で見せられて衝撃を受けたというのです。すなわち、秋田の人たちのなかにある、マタギのイメージの多くは、この映画からの影響が大きいのかもしれない。そう思った僕は、この希少な作品を、なんとしても見てみたいと思いました。

一月一五日、夜

取材初日。すさまじい雪のなか、一日かけて表紙撮影を敢行し、ヘトヘトになって秋田市内の編集部に戻ってきたのんびりメンバーは、総勢一〇名。一足先に着いた僕が見よう見まねで作った大量のきりたんぽ鍋とともに、全員の帰りを待っていたのは、一本の古びたビデオテープでした。その中身はそう、映画『マタギ』です。

秋田メンバーが苦労して見つけてくれたビデオテープですが、実はこれ、テレビで放映されていた映画『マタギ』をどなたかが家庭用のビデオデッキで録画したもの。当時のCMもそのまま残されていて、その懐かしさに秋田メンバーがどよめくなか、アットホームな上映会はスタートしました。

さっきまでのほのぼのCMはどこへやら、本編がはじまるや、画面から伝わるのはなんとも重々しい空気。さらに、主演の西村晃さん演じる老マタギとともに表れたタイトル文字のおどろおどろしいこと！　たしかにこれを小学生の頃に見たら、忘れようにも忘れられそうにありません。

かつて深手を負わされた巨大熊との再会に執念を燃やす老マタギと、子犬を立派なマタギ犬に育て上げた孫との物語が描かれたこの作品は、マタギの里である、秋田県の阿仁地区で撮影されたということで、随所に挟まれる実際の映像に、阿仁の人々の生活が垣間見え、ときにドキュメンタリー映画を見るようでした。それゆえに、現実と映画的演出の境目がわかりにくくはあったのですが、ひとまずはこの映画から、マタギに対する最低限の知識とイメージをみんなで共有。今晩はもう遅いのでそれぞれ床に就き、いよいよ明日、実際にマタギに会いに行くことにします。

第2章　八木沢、最後のマタギ

一月一六日、朝

午前九時。秋田市内で待ち合わせをした、のんびりチーム。これからみんなで向かう先は、秋田県北秋田郡上小阿仁《かみこあに》村の八木沢《やぎさわ》という集落。そこに五年前まで現役のマタギだった佐藤良蔵《りょうぞう》さんという男性がいらっしゃるとの情報を得た僕たちは、あらかじめお話を伺う手はずを整えておいたのでした。今回も大所帯ゆえ、車二台に分かれて出発。そして一一時過ぎには「道の駅かみこあに」に到着します。建物のなかに入ると、地元のお母さんが休憩されていたので、マタギについて少し聞いてみることに。しかし、このあたりに住むお母さんですら、マタギのことは詳しくわからないとのこと。いかにマタギという存在が日々の暮らしから遠くなっているかがわかります。それにしてもお母さんの帽子！　ナマハゲモチーフの「hagedas」って、超欲しい（笑）。

Photo: Ryusuke Suzuki

そのまま道の駅の食堂で、少し早めのお昼ご飯をいただくことに。馬肉丼や、馬肉そばなど、北秋田独特の肉文化を味わっていると、犬の形をしたチェーンソーアートの口に、偶然にも「のんびり」二号がひっかけられていてなんだか嬉しくなります。おかげで体も心もあたたまり、いよいよ八木沢最後のマタギといわれる佐藤良蔵さんにお会いするべく、さらに山奥へと車を走らせます。

雪の多い冬の秋田ですが、今年はさらに記録的な大雪に見舞われ、上小阿仁の積雪量も想像以上。しかし地元の方による雪寄せはとても丁寧で美しく、雪の少ない秋田市内よりもよっぽど走りやすい車道に、こういうことが秋田の光だよなあとあらためて感じます。光を観ると書く観光は、こういった日々の暮らしのすぐそばにあるのだということを旅人もまちびと（待人&町人）も、もっと気づけばよいのになと思います。

お昼一時。旧・沖田面《おきたおもて》小学校八木沢分校に到着。昭和五八年に廃校となったその建物は、いまは公民館として使用されています。二〇〇九年に地域おこし協力隊として八木沢集落へ赴任し、現在は地域活性化応援隊として活動されている桝本さん、水原さんが出迎えてくださり、ついにマタギ歴六〇年、佐藤良蔵さんにお話を伺います。

と、ここで前置きを。

実は良蔵さんのお話、僕をはじめ県外から来たメンバーには、ほとんど方言が聞き取れませんでした。しかしそこはさすが秋田メンバー。ヤブちゃん（矢吹史子）が中心になって進めてくれたおかげで、なんとかまとまったインタビューをここに掲載します。できるだけお話いただいた言葉そのままに掲載したく、少々読みづらいかもしれませんが、活字にすると意外にわかりやすいので、ぜひ佐藤さんのリアルな言葉を最後まで読んでみてください。

八木沢最後のマタギ　佐藤良蔵さん（八八歳）のお話

佐藤さん（以下敬称略）　マタギは六〇年以上やったんですけど、いまは高齢で、もう、鉄砲持って歩ぐのも、よいでねぇし（容易でないし）、山へ行ぐのも無理なった。それで（平成）二〇年の四月で、鉄砲を辞めました。（いまは）のんびりして、いだどごだども。

矢吹　お歳はおいくつですか？

佐藤　数えの八九。

矢吹　辞められて五年くらい経つんですね。

佐藤　猟友会の狩猟の鑑札っていうんですが、一九年の一一月一日から、翌年の二月の一〇日までが有効期間でした。それであど、期間が終わると、もう銃を持って猟をするってごどは、でぎねぇわげだ。それで、終わってだいたい二ヵ月になると、今度は銃の検査があるすもんな。どういうふうに使って、銃が故障してねぇが、安全になってるが。それど、弾の火薬の残高を全部書いで、証明書を出さねばならない。すごい厳しいわげだ。それで検査のどぎ、廃業、辞めますからってごどで、出したんですよ。それでいっさい、猟友会終了で、縁が切れだわげだ。

矢吹　何歳のときからやられてたんですか？

佐藤　正確に言うと、いまは一八歳にならなければでぎねぇんだども、私はその前がら山には入っていました。ごごは冬は鉄砲猟、狩猟。夏は川。あどは暇暇に、出稼ぎするどが、農作業して、そうして生活してきた集落なんです。当時は、なんもそういう厳しい法というが規則は、全然ないもんだがら。ごごは夏でも、いつでも、獲物がいればそういうものを獲って生活してだもんですから。

藤本　猟師とマタギとは、どう違うんですか？

佐藤　昔の人の言葉はマタギで、だんだんとなって、言葉がわがりやすぐなったっていうが。やはり、鉄砲撃ぢ、マタギの言葉って、荒っぽい言葉だがらな。

藤本　猟師って言われると、少し現代な感じがします。ではマタギを辞めるっていうのは、猟師としての申請を辞めるっていうのが、すなわち引退になるということなんですね。

佐藤　マタギっていうと、非常に難儀な娯楽っていうか。大事な仕事だけれども、非常に難儀なものですから、体が疲れできて、なにかあっても、一人仕事で出でるもんですから、人に迷惑かげるごどがあるど思えば大変だなど思って。それで人にご迷惑かげないうぢに辞めだほういいなど思って。

藤本　新しくマタギになる若い人っていうのはいらっしゃるんですか？

佐藤　いや、いまは誰も新しぐやる人がいない。（マタギをやっているのは）一五人だが一六人だがって、上小阿仁の人は。当時私が二〇歳あだりでやってだどぎは二〇〇人くらいいだ。

矢吹　そんなに⁉

佐藤　ええ。上小阿仁や八木沢は非常に人数が多がったです。猟で生活したものですから。

藤本　いま現役でされてる方もいらっしゃらないんですか？

佐藤　いるど思います。私と同級の人は、いであったんだけども、相当辞めでるすな。

矢吹　獲るのが大変になって辞めてしまうんですか？

佐藤　いや、獲るのは楽しみあるし、おもしれけども、獲るまでの間が、山歩ぎが大変。カンジキをかげで、一メートル以上も降った雪をよ、手でこうやって歩ぐ。八木沢は特に山は高いし。その、山が高いために、やはり大きな獣《けだもの》、そういうのがいる。

藤本　仕事というより、娯楽というか楽しみっていう感覚は大きかったんですか？

佐藤　いや、マタギをやらなければ生活ができねがった、ここは。

矢吹　一番最初に獲った動物ってなんだったんですか？

佐藤　一番最初に獲ったやづは、やっぱり小鳥だすな。鳩どが。そしてだんだんと慣れで、今度は山鳥だったり、山の奥さ行ぐようになれば、野ウサギどが、テンどがキジどが。ここはなんでもいであったがら。

藤本　熊は？

佐藤　熊もいであったけれど、一人で獲りに行ぐっていうのは、非常に苦労なもんですから。熊ってやづは、目が早いし、耳が早いし、臭いを嗅ぐに早いしよ。だがら相当気をつけで行っても、音どが、臭いどが、そういうので感じられでしまう。だがら、団体で行げば、ながながが獲りづらいのはそごなの。

矢吹　いつもは一人で行くんですか？

佐藤　四〇、五〇（歳）になってがらは、ほとんど一人で。やはり、山を歩いで歩いで、至るどごろわがって、あそごは雪崩がくる、雪崩がくるとどごまでくる。雨が降ると水がどごまできて、どごに行げば沢を越えられるが、そういうのを気がついで、覚えでないと。

藤本　一人で熊を仕留めたときは、どうやって運ぶんですか？

佐藤　獲ったら、木の側どがに寄せでおいで、そして、帰ってきて、仲間を呼ぶ。これは、おもしろいごどに、「熊獲ったがら」って言えば、「手伝いに行ぐ」って、なんぼでも出で

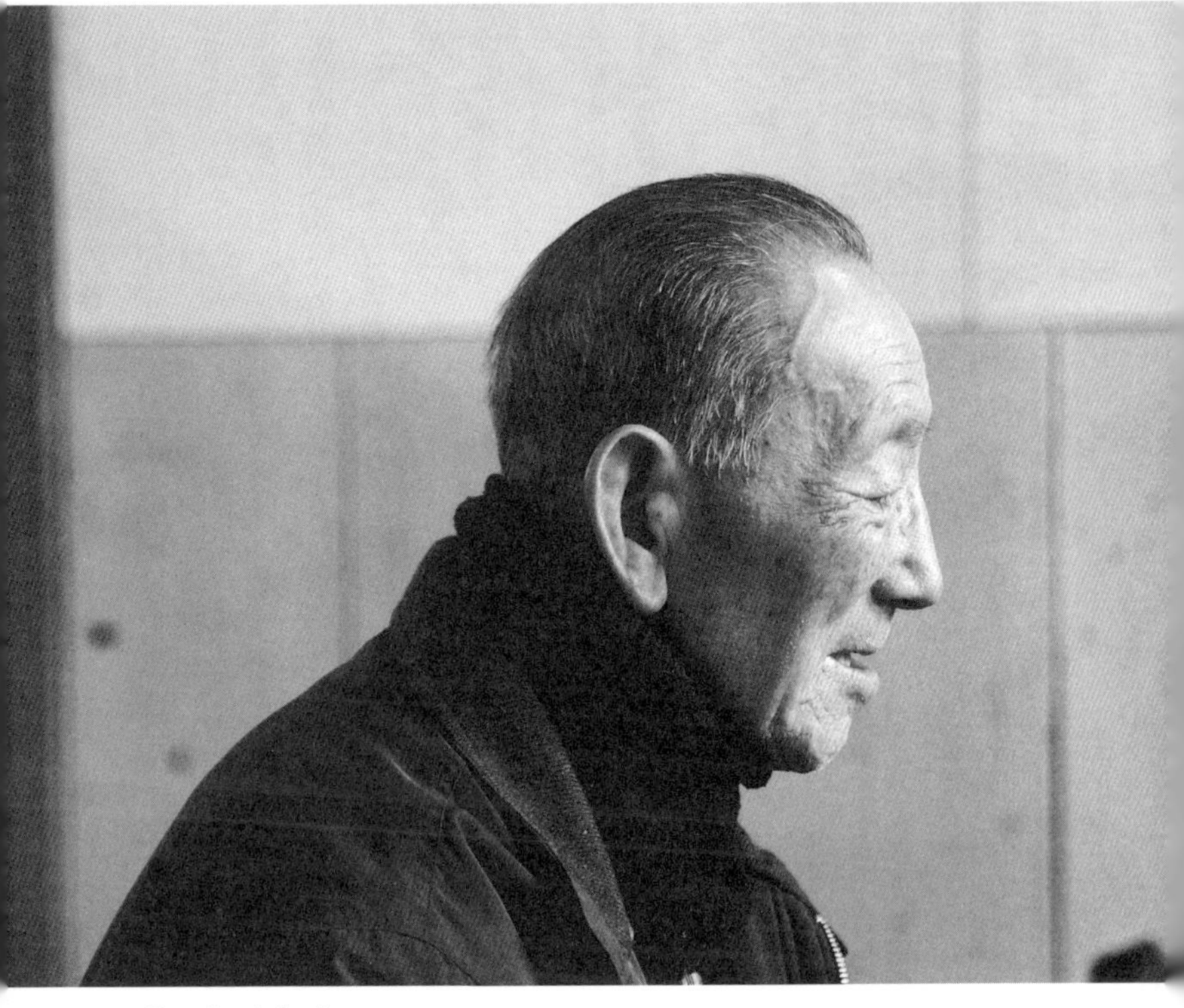

Photo: Ryusuke Suzuki

くるんだ（笑）。帰ってくると、見でる人がいで「今日どうだっけ？」って話されだりして。「今日獲ってきた」って言えば「いがったいがった（良かった良かった）、万歳万歳」って、みんな手伝いにくる。

矢吹　手伝いに行った人にも分けるんですか？

佐藤　ええ、分げます。当だり前ってわげでねぇけど、ある程度自分に残して、手伝いに行った人も来ねぇ人さも配分して。で、お祝いっこ、祭りっこやるって集まって。祭りって言っても、ただ飲むだげ。

一同　（笑）。

佐藤　昭和時代までは、相当毛皮の収入があって、男は鉄砲をやる、マタギをやる集落だった。昭和五〇年代から、毛皮が売れない、買う人がいない、それどいろんな、国の狩猟の規則が厳しぐなってきて、火薬を買うにも手続きが面倒くさいと。毎年狩猟の許可もらわねばでぎね。もらいたいってば、季節に講習あって、それを受げでやらないと、許可をもらわれない。衣類なんかも、帽子、ズボン、リュック、こんなハッピみでんたやづ（みたいなやつ）着てよ。こういう全部決められだもの着て、銃は袋さ入れで、歩ぐときは持って歩ぐ。違反者は一発でやられなぐなってしまう。でも獣はよ、赤いものどが、青いものどがには、ものすごぐ目が早い。こういうの（ハデな色の帽子）被ってれば、たぢまぢ見つけでしまう。

矢吹　昔は毛皮とか着て行ったんですか？

佐藤　昔はみんな毛皮。アオシシの。カモシカな。マタギだがらカモシカのごどをシシとしゃべってあった（言っていた）。その毛皮着て歩いだった。あれはすごぐ軽くて、あったがいもんですから、あれ着て、でんと雪の上さ寝でも全然冷たぐはならない。相当値段の高いものだったがら。

矢吹　マタギとしての心構えってなにかありますか？

佐藤　私も学校上がった頃は、いたずらに親父の鉄砲掲げで持って歩いで、そうして覚えでいったけれども、実際、仲間同士で行ぐってなれば、きちっとした先輩さ教わって、経験して、そうして、初めて一人でやれるようになったがら。いまの人がだは「暇になったがら、やってみるが」となれば、講習受げで、机さ座って、本を見で教わっただげで。山の経験も、獣の経験も、鉄砲の経験も、なんもねえような人が猟やってるがら、事故が起ぎる。それど、おらほ（八木沢）は、山が相当高いために、雪崩の危険、当時はいまみだいにいい服装ではながったがら、帽子ったってワラで編んだ帽子どが、手袋だってワラで編んだテッキャシ（手甲）だった。それぞれに毛皮で、作って歩いだもんだ。それで、笠でも被って行げばよ「三回頭の雪をほろったら（払ったら）、猟していでも必ず帰ってこいよ」って各家々で山さ行ぐ人に教えだもんなんだよ。というのは、雪崩がおっかねえもんだがら。雪崩っていうのは、固まった雪がダンと落ぢでくるだげが雪崩でない。いま降った雪が三〇分くらいして、木の枝から落ぢだ雪のダフンという、その響きでなるごどもある。そういう経験がないと、なんもわがらない。それど、一番鉄砲撃ぢで大事なのは、雪ベラどが棒どが、鉄砲の他に持って歩ぐんだ。雪がおが（たくさん）降るど、それで道の雪を寄せでいぐ。高い山を横切るとした場合は、それでボンボンと木を叩いで、いぐらが音を出す。とその響きで、雪崩が起ぎるがわがる。そうしてみるのが、山の安全の確認の仕方。そういうごどを教わる。できる限り、山は横切るなよ、雪崩がくるから。それと、沢は歩ぐなと。獲物は、ウサギなんかは沢にはほとんど寝でるごどはねぇんだ。やはり峰づたいにいる。なぜがっていえば、ウサギは鉄砲撃ぢもおっかねえべども、それよりも怖えものがいるんだよ。タカ、ハヤブサ、テンだな。こえだ（これら）に追われれば、たぢまぢ捕まってしまうもんだがら、沢でなぐ、峰づたいさ主にいで、眠ってるようには見えるけども、まなぐ（まなこ）は一つは眠ってでも、一つは開いでる。そうして見でる。ウサギは耳が長いすべ（長いでしょ）？　そして耳の先が黒いんだよ。いまは雪あって、あだりは真っ白で、そのなかに入ってる。で、まなぐは片方開いで、耳がぱっぱっぱっぱっと動いでる。それは物の音、風の音、タカだが、テンだが、なんだが。それを警戒してる。人間より獣のほうが雪崩に気をつけでる。だがら、ただ、講習を受げだだげの人が山登るなんて、とても……。

藤本　八木沢にも神社はありますか？

佐藤　ありますよ。ここには昔から、山神さん、愛宕神社、馬頭観音、三つある。山神さんは鉄砲を撃づ人、百姓、山仕事する人が拝みに行ぐ。一般の人は愛宕神社、そして、馬どが牛どがヤギどが豚どが飼ってる人は馬頭観音。どっちもこっちもっていうわげではないけど、何月何日は豚の神様（馬頭観音）拝んで、山仕事してれば、山神さんさ拝みに行って、そんなふうにやってる。だがら熊が神様の使いというわげではないが、神様が私さ授げてくれだのは間違いない。神様ありがだがったど。獲ってこえば（獲ってきたら）神様に水あげで。熊だげでなぐ、テン獲っても、キジでも、ウサギでも。おかげさんで猟してきましたよって。

追記　佐藤良蔵さんは、お話を伺った年、２０１３年の12月15日に永眠されました。

第3章　奇跡の前兆

愛宕神社へ

良蔵さんのお話を伺った僕たちは、さらに別の町にいらっしゃる現役マタギの方との約束を取り付けることができました。しかし約束の時間までまだ少し余裕があるので、その間に、良蔵さんが教えてくれた神社へ向かってみることに。かつてはそれぞれ別の場所にあった、山神さま、愛宕神社、馬頭観音ですが、そのままだとなかなか人が訪れず、神様を粗末にすることになってしまうからと、いまはすべて愛宕神社に合祀《ごうし》されています。良蔵さん曰く、応援隊の人に頑張ってもらっていつでも行けるようにしてある。とのことなので、まさにその応援隊のお二人、桝本さんと水原さんに案内していただくことにします。

神社まで歩く道中の雪深さに、僕と浅田くん（浅田政志）と、智基くん（広川智基）ら県外メンバーは、高まる気持ちを抑えきれません。まるで雲のようにふかふかの新雪と戯れながら、辿り着いた神社の入り口では、雪に埋もれた鳥居が僕らを待っていました。頭をぶつけないようにしてぐるぐると、その先にたしかに本殿はありました。そこで今回の取材がうまくいくように、みんなでお祈りをします。

せっかくならぐるぐるっと遠回りして分校へ戻りましょうという、桝本さんの提案にノリノリな僕たち（特に県外メンバー）。この雪に飛び込んだら気持ちいいだろうなあなんて思いつつ、そこはまあ取材だし、大人だし……と思っているところに、聞こえてきたカメラマン智基くんの一言、「俺、ダイブしちゃおうかな」。そして、次の瞬間にはダイブ！　となれば僕も我慢できません。そんな智基くんのあとを追いかけて雪へ！　アシスタントのはっち（山口はるか）曰く、まるで無邪気な子犬のごとき二人。あきれた顔で見つめる残りののんびりチームのことなんてお構いなし。さらに気がふれたかのように、雪の上でクルクルと回転しはじめる智基くんには、さすがに同じ雪上にいる僕も引きました。そんなことも知らず満足感たっぷりで雪から這い出てくる智基くんに、秋田メンバーヤブちゃんの一ミリも心の入っていない「よかったね」の一言が突き刺さります。それでもニコニコな智基くんは、まさに昨日映画で見たマタギ犬のようでした。

事件

ようやく出発点の旧・八木沢分校に帰ってきたというとき、背後から聞き覚えのある声が……。「あ、やっべぇ!?」その声の主は智基くん。実は、のんびりチームにとって彼は、超がつくほどのおっちょこちょいキャラ。ゆえに智基くんの「やっべえ」は、もはや口癖くらいにしか思っていません。みんなで、どうしたの？　なんて軽く聞いてみたら、なんと智基くん、「iPhone がない。さっきの雪のなかに落としたかも……」。「マジでっ？」全員の心のなかを見事に代弁してくれた、浅田くんの大ボリュームな声を皮切りに、「それヤバいよ」「見つかるか？」「早く戻らなきゃ！」と大騒ぎ。ったくもぉ、なにやってんだよという気持ちは一旦、脇に置いておいて、とにかくみんなで大捜索開始。しかし時刻はもう夕方の四時半。みるみるうちに日が暮れていきます。

探しても探しても見つからない智基くんの iPhone。そういえば前号の取材時も、お昼ご飯を食べた中華料理屋のトイレに iPhone を忘れた智基くん。あのときも大騒ぎしつつなんとか見つかったゆえに「結局最後の最後には深刻なことにならないのが、広川智基だから大丈夫だよ」と、なんだか慰めとも諦めともとれる言葉を放つ僕。さすがの智基くんも次の取材を前にこれ以上みんなに迷惑をかけられないと「バックアップは取ってるから……」とポツリ。さらに「あってもきっと水没だよ。壊れてるよ」と続ける目の前の智基くんと、つい先ほどまでのマタギ犬智基が同じ人物とは到底思えません。「ひょっとしたらここではしゃぐ前に落としたってことはない？」そう言う僕に、念のためと、愛宕神社のあたりを捜索すべく走り去る智基くん。そのときでした。応援隊の水原さんが控えめに放った「あった！」の声に、神社に向かった智基くん以外のメンバーが全員注目。水原さんの手にはたしかに見覚えのある茶色いカバーの iPhone が！　間違いなく智基くんの iPhone です。しかも壊れてない！　よかった！　と一同胸を撫で下ろすなか、なぜかいない当の本人。

……ニヤリ。

この神様の演出を無駄にする手はありません。僕の不敵な笑みに、さすがのんびりチーム、心得ました！　の表情。

「とりあえず見つかったけど、智基くんには少しばかり反省してもらって、今晩ベストな方法で返そう」そう提案する僕自身、ベストな方法なんてまだ見えてはいませんでしたが、もはやなんの応援隊なのかわからない水原さんもノリノリで、別れ際、智基くんに「僕が絶対に見つけておきますから！」と熱血新人警察官のごとく宣言。その力強さに、まるで見つけた人のようだ、と笑いそうになるのを必死に堪えながら、落胆する智基くんを励まし励まし次の目的地へ出発するのんびりチームなのでした。

現役のマタギに

八木沢を出てやってきたのは、「打当《うっとう》温泉 マタギの湯」。今晩はここで宿泊をするのですが、それだけでなく、現役マタギである鈴木英雄さんが、ここに来てマタギのことについて語ってくださるとのこと。まずは晩ご飯をいただき、いよいよ鈴木さんにお話を伺うことに。と、その前に名案が閃いた僕は、鈴木さんにご挨拶をさせていただきつつ、ちょいと打ち合わせ。突然のお願いながら「はいはい。わかりました」と快く協力してくれる鈴木さん。ということで、ここからは現役のマタギである、鈴木英雄さんのお話を聞いてみたいと思います。

現役マタギ　鈴木英雄さん（六五歳）のお話

鈴木さん（以下敬称略） 私のうちは代々マタギの家系で、九代目なんですよ。

藤本　九代目！　すごい！

鈴木　祖父がマタギのシカリっていうのをやっていて。

藤本　シカリってどういう意味なんですか？

鈴木　頭領という意味なんです。山の知識が豊富で、仲間からの信頼も厚い人のことです。その当時は、マタギ集落と言われるくらい、銃を持っていようと持っていまいと、村じゅうで山に一緒に入っていくもんですから、二〇人三〇人はふつう。みんなで獲物を獲るだけじゃなくて、仲間を無事に帰すことも大事な役目の一つであったし、あとは熊が授かると、それをお祈りしたりするのもシカリの仕事。これが祖父です。

矢吹　かっこいい！

鈴木　囲炉裏のあったときは、そこで鉛を溶かして、獲物に合う弾を自分で作っていたんですね。それを見て育ちました。これはフクロナガサというんですけど、刃物にして物を削るのにも、または長い棒をこれに刺して槍にもできる。あと、熊を撃って、致命傷にはなってるけれど、鳴いてる場合があるんですよ、苦し紛れに。そういうときに、いつまでも苦しめたくないっていうことで、これでとどめを刺してやる。

藤本　なるほど。

鈴木　で、これが県の文化財になってるんですよ。まだまだこういう道具は家にあって、それで、今度は国の指定になりそうなんですよ。

矢吹　へぇ！

鈴木　国の指定になると持って歩けなくなる。施設ができるとそこに持っていかれてしまう。

藤本　そうなんですね。

鈴木　昔は免許もなにもいらない、銃を担ぎ持っていられる時代もあったんだけど、そのあと、いろんな法律が厳しくなって、いまは私たちマタギっていってもいっさい特例はなくて、一般狩猟者と同じなんです。ただ、山での昔からのいろんなしきたりを守ってやっているのが私たちなんで。いまはこのベストを着てるんですけど、必ずこれ着ないと法律違反になってしまう。名札まで渡されて。それだけ厳しくなってます。山で誰かが熊を仕留めたことを、「勝負する」と言います。撃ったときは無線機で「勝負したよ」と言うんだけど、集まってくると「授かった、いいのが授かってらな」って「おらだ（自分たち）のおかげで」ということじゃなくて、撃った本人なんか無視されるような感じで。「ああ、いいの授かった。山の神から授かった」ということで、みんなもう「勝負」とか言わない。「授かった」ということになります。そして、授かった熊を供養する、それと、熊の魂を山の神に返す、そしてまた山の神にたくさんの熊を授けていただけるようにお祈りするのが、ケボカイっていう儀式です。で、これはマタギ勘定といって……私は昭和二二年生まれで、その当時中学校終わっても高校に行くって時代でなかったもので、一五歳のときから学生帽被って大先輩たちと山に入っていました。一五歳で山へ行って、まるっきり初めてであっても、分け前はおんなじなんです。山に入ったらみんな平等。それがマタギ勘定。

藤本　マタギ勘定か。

鈴木　はい。これが熊の胆《い》。胆《たん》のうですね。胃じゃなくて「胆」と書いて「い」なんです。かたいでしょ？　実際に飲むにしても、熊の胆を削ると細かくなります。胃とか内臓、傷、吹き出物、ものもらい……いろんなことに、万能薬と言われています。これ、なめってみてください。なめるにはほんのちょっとだけ。

浅田　（なめるなり）うわ！　にっがっ！

藤本　ほんとに？　そんなちょっとで？

鈴木　熊の胆は金《きん》の値段する、と言われています。これでだいたいいくらくらいだと思いますか？　五四グラムあるんですけど、岐阜の白川郷の猟友会では、グラム一万円だって。

浅田　えっ⁉

鈴木　私たちはそこまでしません。二〇万ならほしいなって人はいます。

藤本・浅田　はぁ〜。

鈴木　昔は熊の皮は一〇万か一五万かしました。ところがいまはどうかっていうと、皮で五〇〇〇円。

一同　えー！

鈴木　五〇〇〇円もいいほう。ほんとにもう価値がなくなってしまった。胆は安くて一〇万円です。それも「入札したのは一三万になりました、で、九人で行ってたら九で割って一人あたりいくら」というように、お金に替えてもマタギ勘定。私が山の奥のほうにいて、仲間と帰りが一緒にならなくて、みんなと離れて一人で獲っても、みんなのものなんです。そして「俺この皮ほしいな」ってなれば、自分でお金出して買わなくちゃいけない。熊の胆でもなんでも。それがマタギのしきたりなんです。いまなお、それが続いています。

藤本　マタギ勘定、大事かもしれない。

鈴木　そしてこれが、私たちが信仰する山の神で、山の神っていうのは女の神様です。女の神様っていうと、女神のような美しいのを思うんですよね、外国とかでは。ところが私たちの信仰している山の神はそれはそれは醜い神様で、大変嫉妬深くて、男が好きだとか、いろんなことを言われています。そのために、山で獲物が獲れないとか、危険な目に遭ったときに、このオコゼを……。

広川　魚の？

鈴木　これを供えて、山の神にお祈りをする。そうすると山の神が自分より醜いものがこの世にあるんだと機嫌を直して……。これは言い伝えじゃなくて、実際に古い資料にもあるし、本当に山の神をそんなふうに祀って、信仰していた。そんなふうにするのは、山ってのは本当に危険なんだってことをなにかに喩えていたんじゃないかな。

藤本　現在、マタギの方は何人くらいいらっしゃるんですか？

鈴木　ここの猟友会は四二、三名です。何十年も前の最盛期は一五〇人もいた。
藤本　一番若い人でいくつの方なんですか？
鈴木　三〇代かな。比立内《ひたちない》にも一人。
藤本　ちなみにいまの時期はウサギですか？
鈴木　はい。熊は一二月の二〇日ってば冬眠しちゃうので。
藤本　明日も猟には出られるんですか？
鈴木　行きます。
藤本　一緒に行ってもいいですか？
鈴木　三人くらいまでなら。
藤本　ぜひ行きたいです！　猟に行く時間は？
鈴木　八時半にしたらいいかな。
藤本　行きます。三人まで？
鈴木　三人くらいですね。それでも山歩きたい人はそのあとついてきてもいいですけど。カンジキもいっぱいあるので。犬は撮影の邪魔になるっていえば連れていかないけれど。
矢吹　マタギの犬なんですか？
鈴木　俺が獲ったのをくわえるくらいだな。
藤本　ぜひ明日お願いします！　あ、そういえば、なにか今日獲れた獲物があるって聞いてたんですけど、それ見せてもらってもいいですか？

鈴木 はい、わかりました。

浅田 おおっ！

矢吹 なんでしょうね？

藤本 どこで獲れたんですか？

鈴木 八木沢です。

（鈴木さん、ポケットに手を入れて、なにかを出す）

と、出てきたのは智基くんの iPhone。

広川 なんだこの仕込み!?

一同 （爆笑）。

広川 ていうか、ありがとうございます！

一同 （拍手&爆笑）。

鈴木 壊れてないですか？

広川 あっ　水没してない！

矢吹　猟で獲ってきてもらったんですよ。

藤本　授かったねえ？

広川　なんだこれ!?

Photo: Masashi Asada

第4章　授かるということ

マタギ勘定

現役マタギである鈴木さんのお話に、僕はたくさんの気づきをもらいました。「勝負した＝仕留めた」が、次の瞬間には「授かった」となる。また、それを象徴するかのように、山の神からの授かり物を仲間で分け合う「マタギ勘定」は、古き良き伝統といった類いの話ではなく、これからの世の中に必要な考え方だと僕は思いました。上小阿仁村の地域活性化応援隊の水原さんが勝負した iPhone も、きっと山神さまの授かり物で、だからこそ僕らはその喜びすらもマタギ勘定して、笑いあえたんだな。決して冗談ではなく、僕は本気でそんなことすら考えはじめていました。

ならば「三人までなら……」と言われた明日の猟にも、全員で参加したほうがいいんじゃないか？　と、そう思いはじめる僕。実際、鈴木さんも山を歩きたい人は、三人のさらにあとをついてきてもいいと言ってくれた。そこで僕はなんとなくその気持ちをみんなに伝えようとしたのですが、杞憂でした。僕が口に出すまでもなく、全員、猟に行く気満々。

山神さまへ

翌朝、ホテルのロビーに集合すると、すでに鈴木さんは準備をして待っていてくださいました。大慌てでホテルを出ると、まずはホテル向かいにある山神さまにお参り。山に入らせていただくご挨拶と、実りのある取材ができますように、とお祈りをします。

そこから車でほんの数分走ったところにある熊牧場。その駐車場に一旦車を停めると、鈴木さんとともに一匹の犬が車から駆け降りてきました。昨夜話してくれた鈴木さんの愛犬、カリ。字はそのまま「猟」と書くそうです。頼もしいマタギ犬というよりは、愛らしくて人懐っこいカリに、初体験で緊張していた僕たちの心が和んでいきます。

鈴木さんの軽トラックの荷台には、ホテルから借りてくださった大量のストックとカンジキが載せられていました。鈴木さんにつけ方を教わり、慣れないながらもそれぞれにカンジキを履き、僕にいたっては熊の背当てまでお借りして気合い充分。と、そこで鈴木さんが全員分のバター餅をくださいました。いまでこそ流行のバター餅ですが、元々は地元のお母さんたちが作りはじめ、鈴木さんもよく猟に持っていくのだそうです。「これは、商品にできないはじっこの部分だから、カタチはいびつだけど、味は美味しいから」そう話す鈴木さんの優しい笑顔に感動しながらも僕は、鈴木さんのマタギとしての姿をしっかりこの目に焼き付けたい。そして仕留める瞬間を見たい。なんとかウサギに出会えますように！　と心のなかでそう願い続けていました。と、突然、目の前の雪に踏み込み、山へと入っていく鈴木さん。えっ？　いきなり!?　大慌てで鈴木さんのあとについていきます。ということで、半ば成り行きで先頭の三人は、僕と智基くんとヤブちゃんに。

山に入ってまだ五分と歩かないうちに、鈴木さんが足を止めます。実は、昨日会いたいとお願いしていた若いマタギの方に会えるよう連絡を取ってくれていた鈴木さん。その方から電話があった様子。これ以上入ると電波が入らないからと、しばらく立ち止まって話を進めてもらい、なんとか一四時の約束で、落ち合えることになりました。

山の厳しさ

鈴木さんのあとを必死でついていく僕と智基くん、そして先頭からはずれはじめたヤブちゃんを筆頭に、後続集団として浅田くん&竜ちゃん（鈴木竜典）のカメラマンコンビ。田宮さん（田宮慎）&澁谷くん（澁谷和之）の秋田男子メンバー、さらに、映像を撮る柴っち（柴留美子）と、にんにん（服部和恵）&はっちのアシスタントコンビ。総勢一〇名が連なって山を歩いていきます。途中、カンジキが取れるメンバーがいても「申し訳ないけど、それでまたつけてあげてってしてたら猟にならないから」と、温和な鈴木さんが放つピリリとした言葉に、緊張が走ります。僕もとにかくついていくのに必死。特に、鈴木さんのすぐ後ろは、まだ雪が固まっていないので、いくらカンジキを履いていているとはいえ、足を取られて大変。けれど、そんなことは言ってられません。目の前を泳ぐように走るカリに励まされながら、必死になって食らいつきます。もちろん後ろには、のんびりチームのメンバーがまた必死の形相でついてきます。

途中、突然立ち止まって弾丸を充填《じゅうてん》する鈴木さん。「ウサギが急に走り出したりしたら、突然撃ったりするから、びっくりしないでください」その一言に、また一気に緊張が走ります。僕はできるだけ物音を立てないよう気をつけながら、仕留める瞬間をいまかいまかと待っていました。しかし、銃声が鳴ることはないままに、休憩。ほっとしたような、けれど、取材としては物足りないような、そんな複雑な気持ちのまま、麓でいただいたバター餅を食べます。これまで何度か食べたバター餅ですが、このとき食べたものほど、美味しいバター餅を僕は知りません。みんなも雪のソファーにもたれこむような格好になりながら、一様にバター餅の甘みに救われたようでした。そうやって体力が回復していくにつれて、僕はのんびりチームのシカリ（頭領）として、僕だけでもなんとか食らいついて、絶対に鈴木さんが仕留めるところを見るのだという思いがどんどん強くなっていくのでした。しかしこのあと僕は、その考え方そのものが間違っていたと気づくことになります。

祈る思い

充分に休憩をとったら、再度、猟へ。しかし、若いマタギの方との待ち合わせ時刻が一四時だということを考えると、さらに進んでいくのは難しいと、鈴木さん。しかしまだ戻りたくない僕の心のうちを読みとってくれたのか、そのまま引き返すというよりは、別のルートをぐるっとまわって、獲物を探しつつ帰っていくことにしようと提案してくださいました。僕は一縷《いちる》の望みを残し、祈るような思いで必死にあとをついていきます。

Photo: Tomoki Hirokawa

いくつかの足跡は確認できるものの、ついぞウサギに出会うことができません。また一時間ほど歩いた頃でしょうか。ついには、充填されていた弾丸を銃から取り出した鈴木さんを見て、「ダメだったか」と思わず声を出してしまいます。しかし鈴木さんはこう言ってくださいました。「授かり物。出会うこともあれば、出会わないこともある。それもまた神様の意志」。たしかにそのとおりです。いまここで授からなかったこともなにかしら神様の意志。仕方がありません。僕はなんとか気持ちを前に向け、一歩一歩山を下りていきます。

見覚えのある景色が近づき、いよいよ出発点の熊牧場駐車場に到着。必死についてきたのんびりメンバーも全員怪我なく辿り着いてひと安心。それぞれにお借りしたカンジキやストックをお返しするなか、僕はやっぱり明日また一人でも猟についていこう。そんなことを考えていました。

「じゃあ一四時に、『道の駅あに』で待ち合わせしてるから、先に行って道の駅でお昼ご飯でも食べておいて。一四時の前には私も追いかけますから」と、カリと一緒に軽トラックに乗り込む鈴木さん。「わかりましたー」と、空元気な返事をしつつ、僕たちも車に乗り込み、鈴木さんのあとを追うように車を走らせます。このあと起こる奇跡の顛末などつゆ知らず……。

ミラクル

一旦自宅に向かうという鈴木さんの軽トラックが出るのを見送って、僕たちも出発。「道の駅あに」へと向かっているときのことでした。前方で突然、ハザードランプを点けて鈴木さんの軽トラックが停止。後続する僕たちは「なにごと？」と不思議に思いつつ車を停めます。しばらくすると、車から降りてきた鈴木さん。それを確認して僕たちも車を降ります。すると……

道の脇に、ウサギが死んでいました。

真っ白な雪の上、鮮血をほとばしらせて眠る首のないウサギ。その姿はあまりに美しく、僕はそこに自然の圧倒的な美を感じざるを得ませんでした。しばらく呆然としていた僕ですが、次第にこの状況のおかしさが気になりはじめます。え？　鈴木さんが仕留めたの？　なに？　どういうこと？　目の前の情景の意味が僕にはさっぱりわかりませんでした。「これは鷹だな。綺麗に頭の部分がなくなってる」そう言う鈴木さんの言葉から、少しずつ状況を理解していくに、このウサギは鈴木さんが獲ったのではなく、鷹が仕留めたもので、その鷹がウサギを食べようとしているそのタイミングに鈴木さんの軽トラックがやってきて、泣く泣く飛び去っていったと。つまりは、山神さまがくれた僕たちへの授かり物でした。

そのミラクルに、僕たちはもちろん、鈴木さんですら驚いていました。しかもちょうど美味しい肉の部分だけが綺麗に残されているし、人間が仕留めたものではなく、自然の鷹が仕留めたというところも含め、なんだか「のんびり」誌面的にも、これ以上ない授かり物。僕たちは急遽予定を変更して、一緒に鈴木さんのご自宅へ。そこでこのウサギを解体してもらうことになりました。

Photo: Ryusuke Suzuki

ウサギの解体

鈴木さんのご自宅はとても立派で、それでいてマタギ小屋の風情があるのは、薪ストーブの存在感ゆえ。大量の缶コーヒーをストーブの上に載せて、みんなにホットコーヒーを振舞ってくれながら、解体の準備をしてくれます。

準備が整い、いよいよ軒先のスペースに授かり物のウサギを吊るすと、まずは見事な手際でウサギの皮が剥かれていきます。あまりにスルスルと綺麗に皮が剥けていくその様は、まるでウサギの服を脱がすかのようです。真っ赤な肉のかたまりとなったあとは、小型の斧とナイフを使って、骨ごと豪快に分けられていきました。ボールに入れられたウサギの肉を受け取って、マタギ勘定しましょうと提案する僕たちでしたが、いやいや私はいつも食べてるから、とすべてを袋に入れて僕たちにくださいました。さらにこの授かり物を、今晩美味しく食べられるようにと、料理してくれる宿まで紹介してくださるのでした。

第5章　僕たちが授かったもの

お礼

もはやのんびり恒例、毎度のミラクル展開を経て、僕たちはどうしてもお礼が伝えたく、朝参らせてもらったホテル前の山神さまに立ち寄ることにしました。鷹が仕留めてくれた雪のなかの美しいウサギは、僕たちにとって誰が仕留めたとかいう以前の完全なる授かり物。経験の蓄積の先にあるマタギとしての考え方を、たった一日のマタギ体験で体感できるわけはなく、もし逆に鈴木さんがウサギを仕留めていたら、「授かった」という考え方も、どこかしら知識の延長でしかなかったかもしれません。しかしいま僕たちのなかには、授かり物という考え方が、しっかりと植え付けられました。それもこれもみな、山神さまのおかげです。

お昼一時過ぎには「道の駅あに」に到着。再び合流した鈴木さんと一緒に、名物のまたたびラーメンなどをいただき、昼食を済ませると時間はちょうど約束の一四時。なにからなにまで完璧な神様の段取りに感謝しつつ、楽しみだった若いマタギのお二人にお話を聞くことにします。

若いマタギ　西根清人さん（四三歳）、湊健作さん（三九歳）のお話

藤本　僕たち、だいたいみんな三〇代なんです。僕たちもこんな変わった商売してますけど、やっぱり稼ぎもいるしっていう切実ななかで、実際若い人がマタギとしてどうやって食べてるんだろう？　というのは気になっていて……。そもそもマタギになるきっかけは、なんだったんですか？

湊さん（以下敬称略）　俺は、ハンターやってるおじさんがいだんです。北海道さシカ撃ぢに行ったり。

西根さん（以下敬称略）　うちは、おととしに死んだおじいちゃんがやってあったがら。

鈴木さん（以下敬称略）　父親はやってなくて、おじいちゃんがな。

西根　それこそ、『マタギ』の映画にちらっと出できたはずだな。

藤本　いくつから始められたんですか？

西根　俺は、一一年くらいなるか。秋田さ帰ってきてがらだがら、まず、三〇代くらいがら

だな。

矢吹　よその地域にいらしたんですか？

西根　俺は東京のほうに就職していて、Uターンして、まず免許とって、いまの猟友会さ入って、連れでいってもらってる。

藤本　「マタギになるぞ」と思って帰ってきたんですか？

西根　いや……そんな考えないですよ（笑）。とりあえず、帰ってきて、ちょうどじいちゃんが辞めて二、三年くらいしたったのがな？　で、ああ、こういうのもあるなっていうごとで。

藤本　『マタギ』の映画じゃないですけど、子どもの頃、おじいちゃんに連れていってもらったりってあったんですか？

西根　一、二回連れでいってもらったがな。春に（熊の）穴を見にどが。逆に鉄砲とって怒られだけどな（笑）。まだ早えって。だがら結局、なんにも教えでもらわねぇで死んでしまった。

藤本　湊さんは？　いくつのときに？

湊　俺は七、八年になるべな。うぢの会社の清人（西根さん）どが、マサヨシさんという人が鉄砲持ってらべ。それで、話を聞ぐわげだ。自分も鉄砲なしで山さは行ってあったがら、キノコ採りにどが。それでまず、獲ってみるがってごどで。

藤本　お二人は会社が一緒なんですね。で、会社の先輩にマタギの人がいたと。
湊　んだな。
矢吹　一緒に山に行くと、どういうことをするんですか？
湊　まず、勢子《せこ》だな。
鈴木　勢子っていうのは、熊を追い上げる人。山があると、熊を上に追い上げるんです。ただむやみに勝手なことをして追うんじゃなくて、いろいろなルールのもと。熊が逃げる場所があるんです。マッパとかブッパという、そこにいて待ってる人がいて、私たちは勢子といって、追い上げるほう。勢子ってのは山知らないとできないんで、私たちは打当マタギだけど、比立内マタギと一緒に比立内の山でやるときは、比立内マタギが頑張って勢子を主にやってくれる。逆にうち（打当）のほうにくると、うちのほうで勢子をやる。一番大事な役目なんで。地元の人が追い上げて。
藤本　ほんとにチームプレーですね。
鈴木　でもこの人たちは、どっちにきても勢子で頑張ってくれるから。
藤本　それはやっぱり、若手だからってことですか？
鈴木　山を覚えてもらいたいから。頑張ってもらって。
藤本　勢子をすることで、山を覚えていくってことなんですね。ちなみに職業というか、お金を日々稼いでいるのは、会社でお給料いただきながら、ということなんですよね？　猟は会社の休みのときにやるってことですか？

湊　休みの日どが、休みでねくても、まず、どうしても来てけれってば（笑）。

藤本　会社に休みをもらって？　正直に言うんですか？　会社には。

湊　そごまでうるせぐねぇ会社だがら。休みますって言えば。せば、会社の人だぢは、ああ山さ行ってらなって（笑）。

鈴木　みんなわかるから。地元の人だから。

湊　田んぼやってる人も、田植えするってば休むし。稲刈りするってば休むし。俺だも山さ行ぐってば休まねばね。

藤本　そういうもんなんですね。

鈴木　嫌だったら断ればいいんだけど、やっぱり好きだから。俺も森林組合の仕事してると、迎えに来られて「あそこに熊の足跡出だがらきてけれー」ってば、困ったなあと思いながらも、いま断ったら、あとは教えてもらえないという頭があるから、職場には申し訳ないけど帰らせてもらうよって言うと「頑張ってこい」なんて言われて。獲ると肉を仕事仲間にあげて。

藤本　頑張ってこいって言ってくれるんですねえ。いいなあ。でもふつうに働いていてその上で猟行くって、聞く人が聞いたら「ちょっとゴルフ行ってくる」的な趣味のようにも思えちゃうじゃないですか？　でもそうじゃないですよね。マタギとしてのプライドというか。

湊　山好きでねば、結局はなぁ。

鈴木　獲れでも獲れねくても満足してくるよな。獲れれば授かり物で、よかったなあ、いいもの授かったなあって感じで。

藤本　でも最初はやっぱり、自分が仕留めた！　っていう、そういう喜びはありませんでした？

湊　あった。

藤本　そういうのがだんだんなくなっていくんですね……。

鈴木　なんというか、責任を果たすっていうような感じだよな。一人や二人の問題ではないから。

藤本　こういう雑誌の取材で、本当はこんな大人数で動くの邪魔なんですよ（笑）。編集者がいて、ライターがいて、カメラマンがいて、その三人ぐらいで動くほうが、よっぽど動きやすい。だけど、この「のんびり」って雑誌に関しては、カメラマンはもちろん、編集の人間からデザイナーまでできるだけみんなで動くってことを、なぜか大事にしながらずっとやってきたんです。カメラマンなんて三人もいるんですよ（笑）。その上ムービー撮ってる子もいるし。でも、そんな大所帯でまわることに、どこかしら意味を感じていて、それが今日一緒に山を歩かせてもらって、僕らのなかでストンと腑に落ちたんです。それぞれ、誰が一番良い写真を撮るかとか、俺のが扉に使われたとかじゃないし、そうじゃなくてみんなでフォローしあって、最後、カタチにすることが「授かる」ということで、そうしてできあがった最高の授かり物をまさにマタギ勘定のようにみんなに届けるんだと、まさに「のんびり」はそうやって作られてるなあってすごい感じたんです。すごい出会いでした。

鈴木 今日なんて、どうせついてくるの無理だから、二人か三人だけは俺のあとついてきてほしいなって。あとの人は、雪道なら足跡あるから、遅れてもその跡でついてきてもらえばって。カンジキ取れたとかっていってっても一〇人でしょ？ いちいち俺がやってたら行きたいとこ行けないし。だっけ（そうしたら）、みんなついてきた。よーく頑張って。一人も戻らないなんて。

矢吹 何回も戻ろうと思った。

藤本 それで、かつ、授かったからね。

鈴木 奇跡です。ほんと、授かり物です。

藤本 仕留めてないのがまた、のんびりでいいよね。

最終章　カタチのないモノを引き継ぐ

その夜、宿のご主人に料理していただいたウサギの美味しかったこと！　全員で均等にマタギ勘定した、その味は格別でした。「授かった」という気持ち、そして「マタギ勘定」というやり方は、これからの僕たちの暮らしにとって、とても大切な考え方だと思っています。マタギの姿は変わっても、変わらない精神を僕たちは引き継いでいかなければいけない。そう強く思っています。

充実した気分で秋田市内に戻った翌朝、僕はいつものように手にとった新聞の一面に驚きます。鈴木さんがおっしゃっていたマタギの道具が国の重要有形民俗文化財に指定されたという記事が一面を飾っていました。このことが、マタギの人々の精神に触れる、よき入り口になることを祈っています。

のんびりまっすぐ寒天の旅

第1章　「寒天博覧会」

寒天博覧会（略して寒博）。編集チーム秋田メンバーの「秋田のお母さんたちは、なんでも寒天に固める」という一言をきっかけに、秋田の寒天文化に触れてみようと、創刊号特集取材中に開催したイベントです。短い取材日程の間に開催を決め、紆余曲折ありながらも、最後はなんとか成功をおさめるというその奮闘記は、ぜひサイト上にアップされている一号目の記事を読んでいただくとして（http://non-biri.net/pdf/）、とにかく秋田の寒天の多様さとその美しいビジュアルに感動した僕たちは、さらに第二回目の寒天博覧会を開催することにしました。「のんびり」誌面では取りあげられていなかった、この二回目の寒博が、今回の特集を組む大きなきっかけでした。

第二回寒天博覧会

二〇一二年八月。県南にある美郷町《みさとちょう》で開催した第二回寒天博覧会。総勢二三名のお母さんたちが集まり、出品寒天数は四〇以上。最終的には出品をお断りせざるを得なくなるほどで、主催した僕たち自身が、あらためて秋田のお母さんたちの寒天に対する情熱に圧倒されたのでした。

その盛況ぶりを報告してくれる秋田メンバーの熱量も相当なもので、彼らからもらった、当日のお母さんたちのインタビュー音声に僕は衝撃を受けます。その音声を起こしたものがこれです。ほんのさわりだけですが、まずは読んでみてください。

とても素晴らしい博覧会でした。今日このような寒天の博覧会を開催してくださって、私、六二歳になりましたけれども、これまでの私の集大成みたいな、それほど楽しいイベントでした。高校の生活科で料理を習ったときから寒天のことについて興味がありまして、この歳になるまで、ずっと「寒天・寒天・寒天」で作ってきました。子どもの頃からいろんなことが家のなかでありまして、この歳までに家族を七人、次々と亡くしてますので、そのたびに落ち込んでしまって、なぜか無意識のまま流し（台所）に立って、自分の考えた寒天を作り作り、そのたびに元気をいただいて、やっとここまで生きてくることができました。自分がここに立っていることができるのは、この寒天作りのおかげだと思っています。それで、こういう博覧会が開催されるなんて予想もついてなかったんですけど、なんか、目から鱗。

「これまで生きてきてよかった」っていう、ほんとに大げさでもなんでもありません。私のこれまでの生き様の集大成で。今日は本当に幸せでした。

ちなみにこれは、自身は不参加ながら、多くのお母さんに出場の声かけをしてくれた陰の立役者、照井律《てるいりつ》さんという美郷町のお母さんの言葉です。イヤホンで音声を聞きながら、突如聞こえてきた「生きてきてよかった」という一言に僕は、背中からまっすぐ氷柱《つらら》を刺されたようでした。秋田の寒天文化に触れてみたいと、ちょっとした思いつきのように企画した「寒天博覧会」。その感想に「生きてきてよかった」なんて言葉をもらえたこと。しかもその音声から伝わってくるのは、お世辞でも、なにかのアピールでもなく、真に切実な律さんの胸の内だと感じました。

僕はこのことをきっかけに、秋田の寒天を取りあげるということに、もっともっと真摯になるべきだと思うようになります。そしてそのためには、まず行っておかねばならない場所がありました。それは秋田ではなく、長野県でした。

Photo: Tomoki Hirokawa

第2章　寒天の里へ

長野県茅野《ちの》市

大興奮の第二回寒博（寒天博覧会）から数ヵ月後。冬真っ盛りの二〇一二年一二月某日、秋田編集チーフのヤブちゃん（矢吹史子）と僕とアシスタントのはっち（山口はるか）の三人がやってきたのは、長野県の茅野市。八ヶ岳高原など長野を代表する観光地を擁する町であり、精密機械を中心とした工業都市としても有名な町です。実は、秋田のお母さんたちの寒天作りに欠かせない棒寒天（角寒天）のほとんどが、この町で作られているのです。

棒寒天（角寒天）って？

昔ながらの製法で作られた天然寒天。生天《なまてん》と呼ばれる「ところてん」を自然に凍結乾燥させることでできあがります。これに対し、生天に圧力をかけて水分を抜き、乾燥粉砕して仕上げたのが粉寒天（粉末寒天）と呼ばれる工業寒天。

ちなみに、秋田のお母さんたちが口を揃えるのが「棒寒天じゃなきゃダメ」という言葉。手軽な粉末寒天が好まれる世の中にあって、秋田のお母さんたちは、あくまでも天然の棒寒天にこだわっているのです。

寒天の里

のんびり編集部代表としてやってきた僕たち三人でしたが、さすがに僕らだけでは不安だということで、長野市内を拠点に、町に根ざした気持ちのよい活動を続けるデザイナーの瀧内さん&お手伝いの白石くんというお友だちにも来ていただき、お二人にアテンドしてもらいながら、茅野をまわることに。

待ち合わせ場所のJR茅野駅前には棒寒天がモチーフとなったガラスのモニュメントまであり、ついに寒天の里までやってきたんだと気持ちが高ぶります。まず最初に連れて来てもらったのは、茅野駅からほど近い諏訪《すわ》大社上社でした。お正月の準備が着々と進められる境内で見つけた、看板や絵馬のなかにも棒寒天が描かれていて、この町の人たちにとって寒天がいかに大切なものかがわかります。

富屋さん

本当に気持ちのよい晴天の下、車で茅野市内を走りながら、この町の空気に少しずつ触れていく僕たち。途中、田んぼの脇のえらく細い道に入っていくなあと思っていると、目の前になんだか不思議な光景が。大量に並ぶソーラーパネルらしきものに、太陽光発電？　なんて思っていたら、目の前のそれら全部寒天でした。

長野チームが連れて来てくれたそこは、昔ながらの天然寒天作りを守る、寒天製造販売の有限会社富屋でした。ちょうど、テングサとオゴノリを煮だして固めた生天《ところてん》を外に並べ、寒風にさらして乾燥させる「天出し」という工程の真っ最中で、毎年一二月から二月までの間だけ見られる茅野の冬の風物詩に僕たちは大感激。ここで、四代目の小池誠司さん（三五歳）に寒天の作り方を教わります。

天然寒天

富屋さんの寒天作りは、原料のテングサやオゴノリを洗浄機にかけるところからはじまります。そうやって砂や貝殻などを取り除いた海藻に、少量の酸を加え煮沸。それをろ過器でろ過したものを「モロブタ」という流し箱で冷やし固めます。これでまずは、ところてんが完成！

今度はそのところてんを一定のサイズに切り揃え、夏場は田んぼだったところに藁《わら》をしきつめていき、極寒の屋外で完全に凍結させます。さらにそれを日中の日差しでゆっくりと融解させるという、いわば天然のフリーズドライ製法によって二週間ほど自然乾燥させると、棒寒天が完成です。

寒天のルーツは江戸時代初期の一六八五年に遡ります。京都伏見の旅館「美濃屋」の主人・美濃太郎左衛門が戸外に捨てたところてんが、凍結と融解を繰り返して乾物になったものを発見。それを水に戻してところてんを作ってみると、色は白く、且つ、海藻臭さもないものができたというのがはじまりと言われる寒天。そのあと、関西で寒天作りの製法が確立されていきますが、一八四〇年代には、信州の行商人がこの地に寒天作りを持ち帰り、農家の副業として定着したと言います。

まさに茅野の天然寒天は、その環境を最大限に活かした、人と自然の素晴らしき産物でした。正直、茅野にやってくるまでは、寒さなら秋田も負けないし、秋田でも寒天作りはできるんじゃないか？　とそんなふうに思っていました。しかし、夜間の気温はマイナス一〇度からマイナス一五度まで下がるものの、日中の最高気温は〇度から五度に。晴天の日が多く、湿度が低い茅野は、雪の量も塵を沈める程度のほどほどさで、まさに寒天作りの理想の地。棒寒天（角寒天）はこの土地だからこそ生み出されるのだということがよくわかります。その品質を自然に理解し、粉寒天（工業寒天）じゃダメだと棒寒天にこだわる秋田のお母さんたちにも、あらためて驚きます。

松木寒天さん

今回の取材をコーディネートしてくれた長野の瀧内さん&白石くんが、最後に連れて来てくれたのは、先ほどの富屋さんとはまた別の寒天メーカー、松木寒天産業株式会社でした。実は瀧内さんを介して、「のんびり」の一号目を見てくれたというこちらの営業部長さんが、寒博の記事に感動して、「長野でもぜひ寒博を開催したい」と言ってくださっているとのこと。早速お会いした営業部長の熊沢さんのお話には、とても大切なことがたくさん詰まっていました。

松木寒天産業株式会社 執行役員　営業部長　熊沢美典《よしのり》さん

熊沢さん（以下敬称略）「のんびり」読ませていただいて本当に感動して。いや、ほんとにこんな綺麗なお料理をね、これは本当に素晴らしい天寄せですよね。

藤本　天寄せというんですね。

熊沢　はい、寒天で固めたものを天寄せって呼んで、なんでもかんでも固めるっていう。たしかに、ここに来る東京のお客さんとかに天寄せって言っても、通じなくて。だけど秋田ではこちら以上に天寄せされてるというか。

藤本　たまたま声をかけて集まってくれたふつうのお母さんたちですからね。実は、そのあと、第二回をまた別の町でやったんですけど、それがまた盛り上がって。優勝した人も「夢のようです」って感極まりそうになって。

熊沢　素晴らしいです。

藤本　一番すごかったのが、「こんな大会をしてくれて、生きてきてよかったです」って言ってくれたお母さん。

熊沢　え〜。いま泣きそうになりました。寒天を作っていてよかったですよ。
藤本　なので絶対、次やるときは見に来てもらいたいです。
熊沢　ぜひ、一度立ち会わせていただいて、みなさんにお礼を言いたいです。
矢吹　たしかにみなさん、茅野や諏訪の棒寒天を使っている、ということなので。
熊沢　実はうちの会社は天然寒天ともう一つ、工業寒天と呼ばれる粉末寒天も作っているんです。都市部では粉末の便利な寒天が使われることが多いのですが、東北の方はこの天然寒天を非常に好んで、これじゃなきゃダメって言っていただいている。それがかっこいいっていうか。天然寒天作りっていうのは、見て来られたと思うんですが、工業寒天と違ってすべて手作業なんですね。そして二四時間の作業。夜中に出てきて煮込んで、朝方から切って並べて、それを極寒のなかでやるので、非常に厳しい作業なんですね。だけど最近の世の中の傾向として、便利で安いのがいいということで、苦労して作っても、そこはお客さんには伝わらなくて。実は天然寒天の工場は、戦前このあたりに四〇〇近くあったんです。それが一六工場に減ってしまって。このままいくとなくなってしまうんじゃないかと。それは怖いというか。天然寒天と工業寒天っていうのは別物だと思うんですね。
藤本　秋田のお母さんたちもまったく別物だと意識してますよね。
熊沢　ほんとにありがたいです。私、「のんびり」読んで、ほんとにしびれちゃいましたし、こちらが秋田から学ばなきゃいけないことってたくさんあると思うんです。

矢吹　みなさん考えながら日々作っておられるんですよね。ちょっとしたところで工夫されてて、それが味の違いに出てるっていうのが。

熊沢　それぐらいの達人レベルになると、レシピで何グラムとかじゃなくて、感覚で、もうなにをやってもいい食感で固められるっていう。よく都会の方に「寒天一本何ccのお水ですか？」って聞かれると、五〇〇ccですけど、六〇〇ccでもいいですよって言うと、「どっちなの？」って。ちょっと柔らかめだったら六〇〇ccくらいっていう曖昧さをね。でも料理の苦手な方は特定してほしいんですよね。

藤本　寒天の〝寒〟は〝勘〟のほうがいいかもしれないですね。勘天。

熊沢　それいい！　今度からスーパーの寒天の寒の字変わりますよ（笑）。

藤本　ただ逆にね、そんな秋田の人も寒天がどうやって作られるか知ってるか？　っていったら、知らないんです。だから僕らも「のんびり」を通して、製造工程を秋田の人、そしてもちろん全国の人に知らせながら、最終的に、秋田と長野でこんなことができました、っていうことをアウトプットできればと。

熊沢　それは、はっきり言って秋田県以外ないと思いますね。私が東北に仕事に行くのは取引先の問屋さんの関係で仙台が多いんですけど、その仙台でも、寒天を売り込むなら秋田に行ったほうがいいよって言われる。東北地方全般で比較的寒天を使っていただいてるんですけど、そのなかでもみなさん口を揃えて秋田はすごいと。これは一つの文化ですよね。

Photo: Satoko Maeda

第3章　寒天を流すということ

いよいよ始動

二〇一二年春の「のんびり」創刊号寒天特集からはじまり、夏の第二回寒博。そして冬の長野県茅野市取材を経て、ようやく季節は再び春へと巡ってきました。ここに至るまでの前置きが随分長くなってしまいましたが、僕たちがいかに満を持して今回の特集取材をスタートさせたかということはわかってもらえたかと思います。二〇一三年五月初旬、本特集のために集まった、のんびりチーム総勢一〇名。県外からやってきた僕やカメラマンのスケジュールから、今回の取材に当てられる日程は四日間。うち一日は表紙撮影。緊張感たっぷりで向かったのは、秋田県仙北郡美郷町。第二回寒博開催の地です。

その美郷町に住む一人のお母さんにお会いすることから、本特集は恒例の「Ｎｏｎ のんびり」な怒濤の日々へと突入していくことになります。そのお母さんの名前は照井律さん。そうです。冒頭でご紹介した、第二回寒博で「生きてきてよかったです」と発言したあの律さんです。僕はどうしても律さんに直接お会いしてお話が聞きたかった。そのお話は僕たちの想像を遥かに超えていました。

照井律さんインタビュー

藤本　夏の寒博のときはお世話になりました。

照井さん（以下敬称略）　私なんか泣いちゃいましたよ。感動しちゃって。

藤本　寒天で涙を流すまで感動してくれるなんてこと、想像もしていなかったので本当に驚いたんです。なので「のんびり」創刊号で寒天の特集をやったんですけど、もう一度きちんとやらねばという思いで、まずは律さんのお話を聞きにやってきました。

照井　私でいいのかしら。

藤本　もちろんです。そもそも律さんと寒天の出会いって？

照井　まずね、長くなってもいいですか。

藤本　もちろんです。

照井　昔の話なんですけどね、ここらへんって、農家なために田植えの手植えを、中学生も手伝うんです。「結い」と言って、秋田の言葉で「ゆいっこ」とか「よいっこ」とか言うんですけど、人が足りないもんだから、近所何軒かで、苗取りの人、植える女性、片付けの作業するお父さんとか、出られる人が一軒から二人でも三人でも出て、ここの家の田んぼの次はこの家の田んぼって、田植えのシーズンが終わるまで順番に歩くわけなんですよ。

藤本　それを「結い」って言うんですね。

照井　そうやって力を貸し合うっていうこと、絆を結ぶっていうこと、みんな含めて「結い」なんですよね。それで「できあがり」と言って、すべての家の田植えができあがると、暗黙の了解で、どっかのお家で一杯やるわけなんです。その頃は、とにかくみんな手作りですよね。お赤飯を炊く人、お汁作る人、お漬物っていろいろ持ち合うんだけども、田植えする女の人が多いもんですから、体が疲れてるし、保存もきくしということで、甘いもの、思い思いの寒天を固めて、お重に入れて持ち寄ったわけなんですよ。それで蓋を開けてみんなで「あや～。おみゃ上手だごど～」とか、「ちょっと甘くしちゃってよ～」とか、「もうちょっと固くするつもりだったけど、やっこく（柔らかく）できちゃって失敗した」とか、「それはやったごとねぇから教えで教えで」とかって。

藤本　なるほどなぁ。

照井　それで、あるお家で、そこのおばあちゃんは緑内障で目が見えなくて、田んぼ作業ができなかったんですよ。だからお家で料理を作るのだけやってる。そのお家が私のきっかけのお家だったんですね。そのおばあちゃんすごく器用なんです。なにをいただいても美味しくて、おばあちゃんなのに、作るものがアイデアがよくて。それがまだ子どもだった私には魅力的だったんですよ。流行の先端をいってるような感じがウキウキして。

藤本 おばあちゃんなのに。

照井 うん。サラダを作るにしても、なにを作るにしても。特に寒天は上手で。私もこうなりたいって、そのときに。私もお母さんとかおばあちゃんになるまでに、なんとかこんなふうなすごいのを作って、みんなに食べてもらいたい、そういう人になろうって、そのとき思って。

藤本 ははぁ。

照井 そして高校に入ったときに、生活科に「食物」って教科があって、そこで検定を受けたんですけど、なかなか一級に合格するっていうのは難しい時代だったみたいで。だけど一級に受かったんですね。そのときなにをやったかといいますと、テーマがありまして、一つは行事食。お祭りでもなんでも、行事のためのお料理。で、もう一つは病人食。実は私の母が、私が小学校三年生のとき、脳梗塞で寝たきりになっちゃったんですよ。いまだったら救急車が来てくれて入院したりリハビリしたりってあるんでしょうけど、そういう時代じゃなくて。お医者さんに診てはもらったけども、お家で寝てるしかないですね、みたいな感じで、高校の途中で亡くなるまで一〇年間寝たきりだったの。母の看病もして、学校にも行って、田んぼと畑の手伝いもあるし、牛も飼ってたので、牛の運動にも行かなきゃいけない。で、兄夫婦に子どもが生まれて、その子どもを背負って、小学校に通いました。

藤本　お兄さんはいくつ離れてるんですか？

照井　一番上なので、一八です。

藤本　何人兄弟ですか？

照井　五人なんですけど、七人いて。子どものとき、私のすぐ上と、さらにその上が熱っこ出して亡くなっちゃってるみたいなんです。なので、私のすぐ上は一三違います。

藤本　律さんは一番下？

照井　末っ子なんです。生まれた順から言うと、七人の一番末っ子。上の姉たちは、一三も一五も違うので、もうお嫁にいっちゃったんですね。私より一三上の姉が嫁いだその秋に母が倒れちゃったんですよ。なので、姉たちにお手伝いいただける状況じゃなかったの。やっぱり農家に嫁いだもんですから、そこで一生懸命嫁さんとして務める、働く、そういう時代だったもんですから。

藤本　そうか……。

照井　小学校に行っても、机にきちんと座って、学ぶっていうことはなかったですね。だから勉強なんにも知らないんです、私。高校も、農業高校の定時制に通ったんです。子ども連れて行ける場所ってどこかなって考えたときに、そういうところしかなくて。家からすぐのところで、おんぶして自転車で行って。そんな感じのときに、「食物」の教科を教えてくださった先生が、調理実習の一品で、「泡雪寒天」というのを教えてくれたんです。卵の白身を泡立てて、固める寒天を習ったわけなんですね。わあ、すごいな、これもいいなって感動して、結いっこで行ったときのおばあちゃんのもすごいなと思ったんだけども、これもいま流行でいいなって思って（笑）。ニワトリも自分の家で飼ってたもんですから。寝たきりの母に食べさせるために卵を産ませてたもんで、買いに行かなくてもあるものですから、習ったらすぐ白身を泡立てて、何回も何回も何回も、毎日毎日タッタッタッタッタッタって、毎日毎日。よく飽きなかった。

一同　（笑）。

照井　それで、食紅を少し入れてピンクの泡にしたり、抹茶を入れたり、自分なりにアレンジをして。できあがったものに自分で勝手に感動するんです（笑）。それの繰り返しが今日まで。やっぱりね、すごい辛《つら》くて、学校で子どもおんぶしてると、泣いたりして同級生のみんなに迷惑かけられないから、廊下を行ったり来たりあやして、窓から先生の説明の黒板を見てたんです。母が寝たきりでないとね、そんなことしないでもよかったでしょうけど。母も一〇年間寝てるとですね、動かないもんだから、汚いお話するようですけども、便秘がちになるんですね。で、いろいろ工夫して、試行錯誤して、便秘にならない食べ物を考えて作って食べさせてっていうのを繰り返しているなかで、寒天を作ることを覚えたら、それを食べさせるとお通じがよくなってきたんです。わあ、これはすごいもんだと思って、それで余計に毎日作るようになってしまったというか。自分が楽しいのもあるんですけど、母が喜んでくれるし、役に立てるっていうこともみんな含めて、しょっちゅう作るようになったんですね。

藤本 それが、検定のときに行事食と病人食の二つを選んだことに繋がるんですね。

照井 そうです。で、病人食のなかにりんご寒天を取り入れたんです。寒天を母に食べさせる前は、りんごをおろし金ですって食べさせてたんですね。それを今度は寒天で固めて食べさせたら、ただりんごを食べるよりよかったんですよ。ああ、これいいなあと思って。

藤本 それで一級を取れた。

照井 はい。その一級が、私、なんら大した物ではないと思ってたんです。この歳まで、ずーっと。そしたら、この前の魁新聞《さきがけ》（秋田魁新報）に、大曲《おおまがり》農業高校の生徒さんで、一級を取ったっていうのが載ってたんですよ。お名前と一緒に。え？ なに？ これふつうでしょ？ って。

一同 （笑）。

照井 載るもんなのこれ。そんなにすごいことなの？ なんて思ってね。あと、ここに嫁いできたときの話で、（壁にかかってる遺影を指して）向こうから三番目のおばあちゃんが私の姑です。その奥のおばあちゃんが「ばっぱ」って言って姑の姑です。私が嫁いできたときに、ばっぱはまだ生きていたので丸々一〇年間、一緒に暮らしたんですよ。あのばっぱが、針灸院に治療に行ってたんです。私、車で乗せて行かなきゃいけなくて、するとそこに集まるおばあちゃんたちが、自分の番を待ってる間にお話しして、終わった人も残ってお話しして、そのうちにお昼になって、それでばっぱが私にお昼のごちそうを作れって言うのね。で、お重にいろいろ詰めるわけですよ。持って行って、「みんなで食べた」って空のお重が返ってくるんですね。そのときに、煮物とかなんらかんらやるんですけど、「あの寒天をまだ食べたいって言われでよ、次行ぐときあれやってけれ」って、リクエストされて。丸々一〇年間、ばっぱが私に命令して。

一同　へえー。

照井　ばっぱが亡くなったと同じ年に、今度は私の姑のばあちゃんが、倒れちゃったんですね。脳血栓って言われて。一〇〇日入院したあとでリハビリに何年か通って。でも完全にはよくならないもんだから、杖をつきながら、足をひきずって家のなかを移動して。でも動きがやっぱり悪いわけですよ。するとすごい便秘で。

藤本　きた！

照井　そう！　それで、私を活かすときがきた！　と。私は嫁なので、姑に仕えるのはいまだと。喜んでもらえるのは私しかいないと。そう思って。いろんな寒天食べてもらいましたね。お医者様に便秘薬もらってくるんですけど、効かないって苦しむんです。で、寒天やると「ああー、すっきりした、体楽になった」って。それで、しょっちゅう作らざるを得ないっていうか、作ったほうが喜んでくれるっていうか。そんな感じで。でも、作るたびに自分で作る寒天に酔っちゃってるんです。

一同　（笑）。

照井　子どもの頃すごい辛いことばっかりあってね。勉強したい、宿題やりたい。宿題して行ったことないんですよ。いままで私なりに大変なことばかり感じてきたんだけど、寝たきりの母も亡くなっちゃったし、父親ももちろん子どものときに亡くなったので、そういうたびに辛くて、気づいたら流しの前に立って寒天流しはじめてるんですよね。そのときは自分で気づいてないんですよ。で、固まって「できた〜」って喜んだときに、「あれっ、私なにに悲しんでたっけや〜」って。悲しいことが嬉しさのほうに消されてしまう。

藤本　実は僕たち、律さんたちが使ってる棒寒天の産地の長野県茅野市ってところに行ってきたんですね。そこで「天寄せ」って言葉を聞いたんです。つまりは寒天を固めることなんですけど、でも、秋田の人は天寄せを作るというより「寒天を流す」って言いますよね。

照井　寒天を流す。流すって言いますね。寒天を作ったときは寒天流したって言います。

藤本　それが僕は不思議だったんです。でもね、なんだか謎が解けました。それは、いまおっしゃってた「辛いこと」を流したんですね。

照井　はあ！　そういうこと……。

藤本　そうなんじゃないかなあって思いました。

照井　でも、涙流しますよね、辛いと。その涙を流す代わりに寒天を流して、心を一人落ち着かせるっていうか。それで私の場合は作った寒天に勝手に感動して、次、またそれで元気をもらって、次の日からまた頑張れる。それの繰り返しの、この歳まで、です。

藤本　律さんのお話は、僕たちにとってはとても壮絶なお話なんですけど、それこそばっぱの時代はみんなそうだったのかなあって。

照井　私みたいなもんじゃなかったと思いますよ。

藤本　僕らは寒天をゼリーみたいな、ひんやり見た目も涼しげな水菓子としか思っていなかったけど、なんで秋田のお母さんたちにとって寒天が大切なのか？　って考えていったときに、農家の嫁っていうことの辛さっていうか厳しさっていうか、そういうものを美しく昇華させたものが寒天なんじゃないか？　って。あの、なんか今日、寒天を作ってくださってるって聞いたんですけど……。

照井　はい。今朝流したので持ってきますね。

一同　わあ～！

藤本　すごい。これ、噂のココア寒天ですね！　パンが入ってる……。これ寒天とは思えない。完全にケーキだ。しかもデコペンで文字まで！「あきたびじん企画　のんびりまっすぐ～」って（笑）。

照井　で、これは寒天にゼリーを落としたの。

一同　きれい〜！
藤本　寒天のなかにゼリーを、って斬新！
照井　で、これはりんご寒天。
藤本　やった！　これみんなが絶賛してるやつだよね。早く食べたい。
照井　私、アレルギーで、りんごを生で食べれないんですよ。
藤本　でもこれなら食べれるってことですか？
照井　食べられます。
藤本　へえー！
照井　甘さが一個ずつ違いますからね。りんごの種類にもよるし、同じふじりんごならふじりんごでも、とれた地区とか、とれた木で。生のまま味をみて、それに合わせて調整できればいいんだけども、私食べれないから。
藤本　どうやってるんですか？
照井　勘だけですね。
藤本　おぉっ！
照井　りんごの形っていうか、りんごの顔を見たとき、あと皮をむくときの感覚で、これはちょっと甘みが多いかな、酸味が多いかな、っていうのを判断してます。
藤本　実は僕たちも寒天作りをしたくて、教えてもらえませんか？　今日はお仕事ですか？

照井　今日、旗日（祝日）なので。

藤本　空いてますか？　今日は。

照井　ええ。

律さんが僕たちを喜ばせようと作ってくれたまるでケーキなココア寒天。そこにデコレーションされた「あきたびじん企画　のんびりまっすぐ〜」という文字は、「のんびり」本誌奥付に書いてある、僕たちの共同体の名称「あきたびじょん企画室」や、「のんびり」冒頭文から引用してくれたんだと思います。だけど「あきたびじょん」が「あきたびじん」に（笑）。でも僕はこの文字に、かえって本質が抜き出されているように思いました。秋田の寒天について知ろうと歩んできたその先にあったもの。律さんのお話から見えてきたものは、秋田の女性たちのたくましき美しさ。つまりは「あきたびじん」の本質そのものでした。おかげで僕たち、完全にエンジンがかかりました。こうなったら誰にも止められません。止めさせません。のんびりまっすぐ行くしかない。のんびりチームみんなの顔つきが明らかに変わりました。

Photo: Tomoki Hirokawa

第4章　寒天作り体験

律っちゃんの世界

まず律さんにお話を聞くということは、やっぱり間違っていませんでした。緑内障のおばあちゃんの寒天に憧れた中学生の頃の自分をキラキラした目で話す律さん。農家に嫁いだ嫁として、自分を活かすのはここだ！　と仕えることの悦びを嬉々として語る律さん。その姿に僕たちはいまの世の中のものさしでは決して測りようがない、当時のリアルを垣間見た気がしました。現代からするとちっぽけに見えてしまうかもしれない世界が、少女律っちゃんにとって、いかに豊かで広大な世界だったか。

食べてもらいたい気持ち

さてここで、少し整理したいと思います。律さんのお話を聞いて僕たちが考えたこと。それは、秋田の寒天文化をより多くの人たちに伝えるべく、秋田の寒天を商品化するということでした。秋田の美しい寒天を商品にして全国のみなさんに食べてもらうことで、その奥にある、あきたびじんの本質に少しでも触れてもらいたい。そのためには、まず寒天作りの基礎を学ばねば話にならないと思った僕たちは、すぐに美郷町の「北ふれあい館」という施設の調理室を借りました。今日の今日でもなんとかなるもんです（笑）。しかしそうやって着々と準備が整う一方で、律さんに話を聞いた僕たちとしては、そこに明確な「食べてもらいたい対象」が必要だとも感じていました。「あの人を喜ばせたい」「あの人に食べさせたい」そのまっすぐな気持ちが寒天作りをより豊かにさせるのだと。そこで思いついたのが、明日に控えていた表紙撮影でした。

Photo: Masashi Asada

今回の表紙撮影、写真家の浅田くん（浅田政志）とともにアイデアを思いついたときは、正直五〇パーセントくらい「無理だろなぁ～」という気持ちがありました。デジタルではなくフィルムカメラでの撮影にこだわる僕たちが今回の表紙のイメージを実現させるためには、あのスーパーこまちを貸し切ることが必須だったのです。しかしそんなことができるんだろうか？　と。それがなんとJRのみなさんの全面的な協力のもとOKになったと聞いたときは、大袈裟でなく本当に歓喜しました。普段は立ち入れない車庫に入らせてもらい、スーパーこまちを前に、大掛かりな撮影にチャレンジすることが可能になったお礼をなんとかして伝えたいと思っていた僕たちは、JRのみなさんに喜んでもらえるような寒天を作ろう！と心を一つにしました。

買い出し

ということで、律さんにも一緒について来ていただいて近くのスーパーで買い出し。今日食べさせてもらったココア寒天やりんご寒天など、律さんに教わりたい寒天をイメージしながら材料を揃えていきます。しかし、律さんに教わるだけでなく、無謀にも新たな寒天にチャレンジしたいと思っていた僕たちは、ここが勘の働かせどころだと、新たな食材探しをします。そこでイメージしたのは、スーパーこまち（笑）。ＪＲのみなさんに喜んでもらうべく寒天作りをするんだから、当然作るのは「スーパーこまち寒天」でしょうと、冗談のようなことを本気で考えた僕たちは、赤と白が印象的なスーパーこまちを寒天で再現すべく、赤い食材と白い食材を探します。そこでまず目についたのはいちごでした。いちご寒天。うん、よさげです。となれば白はやっぱり……練乳？　いやいやそれではあまりにふつうな気がした僕は、秋田らしい食材を思いつきました。それは、甘酒。酒どころ秋田の美味しい甘酒を使うといいんじゃないか？　僕たちの寒天作り体験はそんなふうにしてスタートしたのです。

実習

美郷町北ふれあい館の調理室を借りて急遽スタートした「律っちゃんの寒天教室」。元々中学校だったという美郷町の北ふれあい館。まさに中学校の家庭科の授業を受けるような気持ちで寒天作りを教わります。ぜひ、みなさんも挑戦してみてください。以下、三つのレシピをご紹介します。一応分量表記してますが、実際は勘重視でお願いしますね。

りっちゃん
りんご寒天

材　料
りんご……約300g×6個
棒寒天……3本
砂糖……140g
レモン汁……1個分

作り方
1 寒天を軽く洗って、30分うるかす（ふやかす）
寒天1本につき水300cc
2 りんごを切って塩水につける
3 水気を切ったりんごに砂糖、レモン汁を加えて煮る
4 寒天を煮溶かす
5 **3**に、寒天を濾しながら入れ、よく混ぜる
6 寒天型を水で濡らしておく
7 **5**を寒天型に流す
8 粗熱がとれたら、冷蔵庫で冷やす

*りんごを選ぶとき、りんごの顔をよく見る！
*初心者は寒天液にも砂糖を入れたほうがよい。

ココア寒天

材料

市販のミルクココア（粉末）……230g
食パン……1袋
練乳……50g
棒寒天……3本

作り方

1 寒天を軽く洗って、30分うるかす（ふやかす）
寒天1本につき水300cc
2 食パンの耳を切り、細かくちぎっておく
3 寒天を煮溶かす
4 **3**にココアを入れる
5 **4**に練乳を加える
6 **5**にパンを加える
7 寒天型を水で濡らしておく
8 **6**を寒天型に流す
9 粗熱がとれたら、冷蔵庫で冷やす
10 しっかり固まったら、チョコペンなどでデコレーションする

スーパーこまち寒天

材料

◯いちご層
いちご……1Kg
砂糖……100g
レモン汁……2分の1個分
棒寒天……2本

◯甘酒層
甘酒（市販のもの）…350g
棒寒天……1本

作り方

1 寒天を軽く洗って、30分うるかす（ふやかす）
2 寒天1本につき水300cc
3 いちごを半分に切り、砂糖、レモン汁を加え、よく混ぜる
4 **2**を中火で煮る
5 寒天を煮溶かす
6 いちごに寒天を濾しながら入れ、よく混ぜる
7 寒天型を水で濡らしておく
8 **5**を寒天型に流す
9 粗熱がとれたら、冷蔵庫で冷やす
＊いちごは弱火で煮ていると実の色が薄くなってきますが、中火にかけ続けるとまた色が戻るので、根気づよく待つこと。
＊いちごに寒天を加えたら、火にかけすぎない。
10 甘酒を火にかける
11 寒天を軽く洗って、30分うるかす（ふやかす）
12 寒天1本につき水300cc
13 寒天を煮溶かす
14 甘酒に寒天を濾しながら入れ、よく混ぜる
15 固まった**8**の寒天の上に流し入れる
＊**8**が完全に固まらないうちに流すと、層が分離しづらい
16 粗熱がとれたら、冷蔵庫で冷やす

Photo: Ryusuke Suzuki

ドタバタ寒天教室

実は、美郷町の名物「仁手古《にてこ》サイダー」を使った、サイダー寒天を作ってみるも甘みが足らず、香りも炭酸も抜けて大失敗したり、一度に何種類も作っているために、一つに集中しすぎて、別の鍋の寒天を蒸発させてしまったりと、現場はまあ〜大騒ぎでした。それでも律っちゃん先生のおかげで、なんとか完成したココア寒天、りんご寒天、スーパーこまち寒天。特に、スーパーこまち寒天は、僕たちが考えた新たな寒天だけに不安いっぱい。しかし型から出してみると、とても綺麗で「まさにスーパーこまちだ！」とみんなで大興奮。ただ、美味しいかどうかは別。そこでまずは律っちゃん先生に試食してもらうことに。ドキドキしながら律っちゃん先生に注目するのんびりチーム。緊張してその反応を待っていると、一言「美味しい！」。やった！「あたらしい若い人がたの味だ」と律さん。そこでようやく僕たちも食べてみたのですが、いちごの酸味と甘酒の甘さが絶妙で、我ながらこれは美味しい！初めての寒天、いや勘天に大満足。あとは、ＪＲのみなさんが喜んでくれるかどうかです。やっぱりまだドキドキドキした気持ちのまま、夜遅くまで続いた律っちゃんの寒天教室は終了しました。

撮影当日

そうして迎えた表紙撮影当日。写真家の浅田くんを筆頭に、のんびりチーム全員クタクタになって撮影は無事大成功。しかし僕たちには、もう一つやるべきことが。それはＪＲのみなさんに「スーパーこまち寒天」を食べてもらうこと。緊張しながら振る舞った「スーパーこまち寒天」ですが、みなさん最高の笑顔で「美味しい」と言ってくれてひと安心。

残された課題

ようやくほっと胸を撫で下ろした僕たちでしたが、実はちょっとだけ心残りなことが……。それはできたてと比べると、スーパーこまち寒天の、いちごの部分から水分が出てしまって、見た目が少し、ひしゃげたようになってしまったことでした。昨日の姿を見ているだけに、完璧な状態で食べてもらいたかったという思いが捨てきれない僕たち。寒天の商品化まで考えている僕たちにとって、たった一日置くだけで水が出てしまうようでは、その先に進めません。これって、なんとかできないものだろうか？　クタクタなみんなでしたが、夕食を食べながらあらためて作戦会議をします。しかし僕には秘策がありました。

最終章　のんびりまっすぐアイス寒天

その秘策とはズバリ、寒天を凍らせるということでした。昨年の夏のことです。中央自動車道のＳＡで偶然見つけた「溶けないアイスキャンデー」。溶けない……？　アイス？　どういうこと？　と一本買ってみたのですが、このアイスに使われているのが寒天でした。つまりは溶けても寒天だから、液体にならない。そういうことだったのだと思います。そんな出会いを経験していた僕は、秋田の寒天も凍らせてしまって、アイスとして提供すればいいんじゃないかと思っていたのです。そのことをみんなに話すと、大いに賛同してくれました。早速、寒天の残りを凍らせて、明朝あらためて集合することに。この時点で僕たちに残された取材日程はあと二日でした。

アイス寒天試食

明朝、集合したのんびりチーム。一晩凍らせておいた寒天を食べてみることにします。まるで鈍器のようにカチカチに凍った寒天たち。スーパーこまち寒天なんて、もはや冷凍の豚バラ肉にしか見えない（笑）。しかし包丁を入れてみると、意外にもサックリ刃が通ることに驚きます。さらに切り分けたものを食べてみると、やっぱり！　カチカチに凍っているにもかかわらず、歯がすっと入ります。これはいける！　歯ごたえならぬ手ごたえを感じた僕たちは、今回作った三つの寒天がアイスになってなお美味しいか、いま一度味を検証。その結果、りんご寒天は甘みを足すことと、りんごの歯ごたえをはっきりさせるべく、大きめにりんごを切るということ。スーパーこまち寒天も同じく甘みを足し、甘酒から自分たちで作ってみることに挑戦。そしてココア寒天は、パンを抜いて純粋なチョコ寒天に。そしてこちらも市販のミルクココアでなく、粉末のココアに砂糖と牛乳を足してココアを練るところからチャレンジしようということになりました。

Nonのんびりタイム

あとは行動のみ。そこで今後の動きをうまく分担するべく、いま一度交通整理します。残された時間でいったいなにができるか？　考えた結論は以下のとおりでした。

●明日の午後一時から、美郷町の北ふれあい館で、アイス寒天の試食会を開く。
●そのために、以前美郷町の寒博に出てくれたお母さんたちに声をかける。
●食べてもらうアイス寒天は、りんご、ココア（チョコレート）、スーパーこまちの三種類。
●アイスキャンデーのような見た目にしてかわいいパッケージを作る。
●美郷町が誇る六郷《ろくごう》の名水を使って作る。
●律さんの後輩にあたる、大曲農業高校生活科学科の生徒たちにも試食してもらう。
●そして、あの人にも……。

ということで、①寒天作りのための買い出し&パッケージを考える班と、②美郷町に行って会場押さえ&水汲み&お母さんたちに声かけ班と、これが一番大変そうな、③大曲農業高校の生活科学科の生徒さんに試食してもらえるよう交渉する班の三つにチーム分け。それぞれに全力で動いたあと、夕方に再び集合し、みんなで寒天作りに取り組むことにします。

さあ〜〜〜〜大変だ〜〜〜〜〜!!!

パッケージの意外な回答

それぞれの班が奮闘するなか、買い出し班の僕は、秋田駅前の秋田市民市場へ。長野でお話を伺った松木寒天さんの棒寒天を見つけ、食材を揃えていきます。しかし、問題はパッケージです。表面はプリントしやすい紙でいて、内側ははっ水加工されている。しかもほどよい大きさで……なんて、無謀なイメージを共有しながら、業務用パッケージ屋さんへと移動。そこで、まさに救世主のごとく現れたのが、フランクフルトのパッケージでした。材質と大きさがまさにイメージどおりだと思った僕たちは、精一杯勘を働かせ、購入を決定。アイスとは真逆のモノを詰めるパッケージだけど、でもきっとこれで大丈夫！

他の班の動向が気になるなか、美郷町へ向かいます。

それぞれの成果

美郷町にある「道の駅雁《がん》の里せんなん」に続々集合するのんびりチーム。各班それぞれの成果を報告し合います。①買い出しチームは先述のとおり。②美郷町チームは「御台所清水《おだいどころしみず》」という湧水で水を汲み、律さんやお母さんたちへの声かけも成功。もちろん北ふれあい館を借りる手はずもバッチリとのこと。そして心配だった③大曲農業高校チームも、お話を聞いていただいた担当の先生が深く理解してくださって、明日の夕方から高校生たちに試食してもらう時間をいただけたとのこと！　となれば、早速寒天作りだ！　と、その前に僕からいくつかの提案がありました。それは僕たちがこれから作る、アイス寒天の商品名です。

のんびりまっすぐ寒天

僕の考えでは、アイス寒天というのは商品名ではなく、あくまでも寒天を凍らせたアイスキャンデーの総称（もっと言うと棒寒天から作られたものにこだわりたい）。ゆえに、のんびりプロデュースのアイス寒天の商品名を、別に考えなければいけません。ということで、付けた商品名は「のんびりまっすぐ寒天」。思い出してください。律さんにお話を伺ったときに振る舞ってくれたココア寒天。そこに書かれた「あきたびじん企画　のんびりまっすぐ～」という文字。ここにすべての答えがありました。寒天をとおしてあきたびじんの本質を伝えたいと思った僕たちの寒天の名称は、もはや「のんびりまっすぐ寒天」以外にありえません。ただ「のんびりまっすぐ～」の「～」が、プルンプルンの寒天に見えて思いついたというのは内緒です。

もう一つの提案

さらにもう一つ提案が。それはアイス寒天のキャラクターを作りたいということでした。というのも、たまたま道中の車内で読んでいた「秋田魁新報」に「美郷町PRへキャラ募集」という記事が掲載されていたのです。これに応募するかは別としても、とにかくアイス寒天を広めるべくキャラクターを作るのは悪くないと思いました。なにせのんびりチームには、あの「くまモン」や「バリィさん」といった、ゆるキャラグランプリ歴代王者の写真集の撮影を担当した写真家、浅田政志がいます。いつか着ぐるみになったアイス寒天のキャラクターを浅田くんに撮ってもらおう！　と、もはやよくわからない夢を抱きつつ、キャラクターも考えることに。

苦境のなかの吉報

さて、そんなアイス寒天のキャラクターや商品名をどうやってパッケージに印刷するのか？　切羽詰まった状況のなか、思い出したのは池田修三さんでした。「のんびり」三号で大特集をし、先日地元にかほ市象潟町《きさかた》で展覧会を終えたばかりの、秋田が誇る版画家、池田修三さん。修三さんにならって版画にすればいいんだ！とひらめいた僕は、秋田市内ですでに消しゴムハンコを作るための材料を買っておいたのでした。

再び北ふれあい館の調理室にやってきた僕たちは、いよいよアイス寒天作りにチャレンジ。途中わからないことがあれば、律っちゃん先生へのホットラインで確認しつつ、全力で勘を働かせます。しかし、寒天の状態ではちょうどよい甘みが、凍らせると甘みを感じなくなったりして、一から作り直すなど、一筋縄ではいかないアイス寒天作り。何度もへこたれそうになるなか、僕たちにある吉報が届きました。実は明日のアイス寒天試食会にどうしても来てもらいたいと交渉をしていた人が、ＯＫになったと電話をくれたのです。その人とは、長野県茅野市、松木寒天の熊沢さんです。

ラストスパート

長野県茅野市から秋田県仙北郡の美郷町までは、少なく見積もっても車で八時間はかかります。明日のお昼に間に合わせるためには、どうしたって今日のうちに出ないことには無理です。そんな無謀な依頼に、松木寒天の熊沢さんは必死で社内調整してくださり、なんとか間に合うように行きますとお返事してくれました！　感激した僕たちは、へこたれそうな気持ちを、いま一度奮い立たせて頑張ります。そして時間はあっという間に二一時。調理室を借りられるのは二二時まで。大慌てで片付けながら、残りは秋田市内に戻って作業することに。

秋田市内に戻り作業を続けた僕たちでしたが、夜が更けてなお終わりは見えず、まるでいつぞやの紙芝居作りのよう（「のんびり」一二号参照　http://non-biri.net/pdf/）。そんななか秋田デザイナーの澁谷くん（澁谷和之）とともに生み出した、棒寒天をモチーフにしたアイス寒天キャラクター、その名も「かんてん棒や」の消しゴムハンコもようやく完成。そこからみんなでひたすらハンコ押し。朝になって、ようやく作業を終えた僕たちは、少しでも眠ろうと一旦解散し、そして数時間後再び集合するのでした。

試食会本番

試食会本番の朝、眠い目をこすりつつ向かったのは、再び美郷町の北ふれあい館。今日は調理室のほかに、大きな和室を借りて試食会場の準備。一方調理室では、冷凍庫で凍らせていた寒天を切り分け、「かんてん棒や」が描かれたパッケージの包装作業。秋田のお母さんたちにとって大切な寒天を、全国のみなさんに届けるための第一歩として、それぞれの力を振り絞り駆け抜けたこの四日間のフィナーレもいよいよ間近です。あっという間に時間はお昼、徐々に集まってくるお母さんたちのなか、松木寒天の熊沢さんも無事到着！　さあ、試食会がスタートします。

幸福な時間

連日の作業に疲れていたからか、それともお母さんたちの眼差しが優しすぎたからか、これまでの経緯と僕たちの思いを語りながら僕は、涙をこらえるのに必死でした。とにかく幸福すぎたんです。優しく頷きながら話を聞いてくれるお母さんたちも時に涙を浮かべて、本当に頑張ってきてよかったと思いました。そしていよいよお披露目した「のんびりまっすぐ寒天」。パッケージも大好評で、肝心の味も、高評価をいただきました。さらに、りんごの甘みをもう少し足すといいかもとか、スーパーこまち寒天の二層が分離しないためにはこうするといいよなど、アドバイスまでくださって、本当に夢のような時間でした。そしてなにより嬉しかったのが、お母さんたちが口々に、自分も作ってみると言ってくれたこと。僕たちはアイス寒天というものが広がっていく、そのたしかな手ごたえを感じることができました。

寒天記念日

そして試食会の最後、どうしてもとお願いして、長野からやってきてくださった熊沢さんにご挨拶いただくことに。その感動的なスピーチに、僕たちもお母さんたちもついに涙をこらえきれませんでした。どうかどうかどうか読んでください。

熊沢美典さんスピーチ

熊沢さん（以下敬称略） 長野県から来ました、松木寒天という会社の熊沢と申します。はじめまして。実は秋田の方が棒寒天を非常にたくさん使っていただいているということで、なんかおかしいなと思ってたんですね。全国に出荷してるんですけど、なんだか秋田は棒寒天がよく出てて、秋田って人口が多いのかな？　って。

一同　（笑）。

熊沢　どういうことだろう？　って思ってたんですけど、「のんびり」を見て、やっぱりなと思って。さらに今回こうやって拝見させていただいて、すごい嬉しかったんです。うちは粉末の寒天、工業寒天って言うんですけど、それと棒のタイプ、これは天然寒天って呼ぶんですけど、両方作っている会社なんです。もともとは天然寒天を作っていて、だんだん世の中全体のニーズが、手軽で便利にってことになって工業寒天をやりだしたんですけども。原料は同じ海藻を使うものの全然違うんですね。工業寒天っていうのは機械のなかで海藻を煮込んで、ギュッて機械で絞って、機械で水分を抜いて、そして最後に粉砕して、粉末の寒天ができるんですけど。天然寒天っていうのは、それを全部、びっくりするほど手作業で。特に煮込みっていうのは夜中の作業なんですね。冬の寒い時期しか天然寒天っていうのはできないんで。夜中の一二時くらいに出てきて、煮込みからはじまって、切る人は朝の五時とかに出てきて、それを〝にわ〟っていう田んぼに運んで、すべて手作業で並べるっていう、伝統製法っていうものなんですけど。一七〇年くらい前からなにも変わってないんですよね。驚くほど大変な作業で。昔は、泣いている子どもに「天屋に入れるぞ」って言うと泣き止むっていう、それくらい過酷な作業で。寒さのなかの重労働で。それを知らずに募集で来られると三日も持たないっていうくらい過酷な作業をやってやっとできるんですね。

お母さんたち　あぁ〜〜〜〜。

熊沢　うちの会社も天然寒天と工業寒天の両方を作ってるんで、どっちがよいとかは言いにくいんですけど、作業風景だとかを見ると、やはり天然寒天に思いが強くなるんです。実際に工業寒天と天然寒天で作ったものを食べ比べると、違いがあまりないんじゃないかっていう人もいれば、まったく違うっていう……。

お母さんたち　違うねえ。わかるわかる。

熊沢　そう。その差を大切にして天然寒天を使っていただいている秋田の方には、本当に感謝というか……（涙）。

秋田のお母さん　泣かないでー。

熊沢　今日の話を会社に帰って、製造の者に伝えたいと思うんですよね。製造の者はほんとに、言いすぎかもしれないですけど、はっきり言って命がけの作業なんですね。ほんとに、大変な作業で（涙）。それがどれだけお客様に伝わるかっていう、きっと今日の話を社員にしたらね、ほんとに喜んで、やりがいというか（涙）、秋田の方はその工業寒天と天然寒天の違いをわかってくれてるっていうことを、持ち帰って、みんなに伝えたいと思います。いまは天然寒天っていうのが、少しずつ使うのがめんどくさいっちゅうことで、使われなくなってるんで。このくらいの出来栄えの違いならお手軽で安いほうがいいんじゃないかっていう、そういう世の中の価値観が多くなってきて。このままいったら天然寒天ってなくなっちゃうんじゃないかって、すごい不安になって。そんなことになったら、いままで天然製法っていうものを繋げてきた先人にほんと申し訳ないと思って、天然寒天のよさっていうのをお伝えしていくのが自分の役目だと思ってるんで。だけどなかなか力が及ばなくて、だけどみなさんと出会ったことで、すごい励みになりますし、その本物の価値観っちゅうのを大切に感じてもらえてる人がいるっていうのは自分にも支えになりますので。天然寒天を絶やさないように、今後も必死で伝えていきたいと思いますので、よろしくお願いします。

一同　（拍手）。

最後に、熊沢さんと律さんが握手をしたその写真は、僕たちにとって宝物です。秋田県の媒体なのに長野県のことをつらつらと書いてと、怒る人もひょっとするといるかもしれません。だけど僕は今回、長野県の人たちと秋田県の人たちがこうやって心から繋がって、手を取り合う姿をイメージしながら取材を続けてきました。そしてそれが叶いました。五月九日、この日を僕たちは「寒天記念日」と呼びたいと思います。

秋田の寒天を繋いでいくために

感動の「のんびりまっすぐ寒天」お披露目会を終えた僕たちは、その余韻のままに、律さんの母校である大曲農業高校へと向かいました。もちろん「のんびりまっすぐ寒天」を試食してもらうためです。先生の計らいで学校の調理室に集まってくれた、生活科学科二年生の女の子たち十数名。まずは秋田のお母さんたちにとって寒天がいかに大切なものなのか？についてお話をさせてもらい、いよいよ試食会スタート。正直、美郷町のお母さんたちよりも厳しい意見が出るんじゃないかなあ？　と想像していた僕たちの予想に反して、高校生たちの反応はびっくりするほど上々で、アイス寒天をぺろりと平らげた上に、おかわりまで求めてくれる女の子たちに、いっぱい勇気をもらいました。そして「かんてん棒や」も大人気でした（笑）。

ぜひみんなもアイス寒天作りにチャレンジしてほしい、と伝える僕に、女子高生たちは大きく頷いてくれた上に、それぞれ、ブルーベリー入れたいとか、どうしたいこうしたいと盛り上がってくれて、なんだかこの子たちも立派なあきたびじん予備軍だなあ、なんて心強い気持ちに。秋田のお母さんたちが大切に守ってくれた秋田の寒天文化が、未来に向かって小さな一歩を踏み出したような気がしました。

Photo: Tomoki Hirokawa

二十年後の日本酒

第1章　夏田冬蔵／夏田

小学六年生と中学三年生を対象とした全国学力テストでは、何度も一位を取る秋田県。しかしこのランキング結果に秋田の良さの本質があるとは思えなかった僕は、漠然と「教育」をテーマに特集を組んでみたいと思いました。そこで思い出したのが『夏田冬蔵《なつたふゆぞう》』（夏は田んぼで酒米をつくり、冬は蔵で酒づくりをするという意）という一冊の本。森谷康市《もりやこういち》さんという杜氏《とうじ》（酒づくりの監督であり最高責任者）が綴った酒づくりの奮闘記です。自身の成長とともに、「浅舞酒造《あさまい》」という小さな酒蔵が、秋田を代表する酒蔵へと変化していく様を、森谷さん独特の軽妙な語り口で綴ったこの一冊（現在は残念ながら絶版）は、蔵人たちの間で脈々と受け継がれてきた、大切な教えにあふれていて、県外からやってきた僕にとっては、秋田の風土を知るための一つの大きな手がかりのような本でした。そのなかに、こんな一文があります。

ある先輩杜氏が、

「森谷、杜氏は酒のほかにつくらなければならないものがもうひとつある。わかるか？」

と問いかけてきたことがある。

「子供は三人つくったんしのも……」

と笑って言う私に、

「バカ！」

と一言たしなめてから、教えてくれたのは、

「杜氏はな、杜氏をつくらなければならねんだよ」

ということだった。


いわずもがな、この本に通底する蔵人の世界の「教育」こそが、今回の特集取材を進めていくための糸口になるかもしれない。そう思った僕は、秋田の蔵人たちが次々と登場する日本酒の特集から、「教育」について考えてみようと、この特集を組みました。なので日本酒は苦手だ〜という人も、どうか読んでみてください。最後には、秋田の蔵人が描く二〇年後の未来に、日本酒で乾杯！　と、そんな気持ちになってくれるといいなあと思います。

いきなり

特集取材初日、兵庫県からやってきた僕をはじめ、東京組のカメラマン浅田政志くんや広川智基くん、そして秋田メンバーら、総勢九名が集合したのは、新幹線の停車駅JR大曲駅。そこから車に乗り換えて約四五分、僕たちが最初に向かったのは、秋田県横手市にある浅舞酒造。先述の『夏田冬蔵』を書いた森谷康市杜氏のいる酒蔵です。

ちょうどお昼頃に到着した僕たちを、蔵の前で出迎えてくれた森谷さん。実は「のんびり」として森谷さんにお会いするのは今回が二度目。というのも前号（五号）の表紙の右下で、のんびり寝ている人こそが森谷杜氏なんです。

撮影時のお礼を伝えつつ、ご挨拶をしていると森谷さん「ま、とにかく蔵を見るのはあとにして、まず、お昼ご飯にしましょう。ついて来てください」と、軽トラに。呆然とするのんびりチームでしたが、とにかくここは森谷さんに言われるままにあとをついていくことにします。

町を抜け、田んぼの合間を走り、坂道をグングン上がっていく軽トラック。十数分その後ろを追いかけ、ようやく停まった場所は、横手盆地が一望できる山の上でした。といっても展望広場のようなものがあるわけではなく、ガードレールの向こうに絶景が広がる、道の脇。しかし、足下の草が綺麗に刈られていて、明らかに僕たちのために準備をしてくださっていたことに、僕はいきなり感動してしまいます。そこに次々と並べられていく長机と丸イス。そして机の上に最初に置かれたものは、なんとワイングラスでした。

とはいえ、もちろんそこにワインが注がれるわけではありません。注がれるのは、浅舞酒造の代表的なお酒『天の戸』（しかも出品酒仕様）。まるでなにかの記者会見のように、横一列に並んだ僕たちに、「一番の肴はこの景色ですから」と森谷さん。実は下戸な浅田くんも一緒になって、みんなで「かんぱーい！」。豊潤な田んぼの香りをまるごといただくように飲む『天の戸』の美味しいこと！

ちょうど山菜のシーズンということもあり、ミズのたたき・たけのこ・わらび・カリフラワーの粕漬けなど、森谷さんと奥さんが作ってくださったという山菜料理が次々と振る舞われ、それぞれの美味しさに、舌鼓を打つのんびりチーム。地元産の「田園ハム」やおにぎり、スペアリブの味噌煮なども加わり、傍にはもちろん、発泡日本酒『天の戸 SILKY』や、純米吟醸『Land of Water』など、浅舞酒造を代表するお酒がいっぱい。いやあもう幸福すぎました。

目の前に広がる横手盆地の美しい風景を前に美味しいお酒をいただきながら、そのつくり手である森谷杜氏から「米もこの盆地で作ってるし、水もこっちから伝わって蔵で湧いてるから、この風景をビンに詰めたいような、そんな気持ちでつくっています」なんて言葉をいただいて、もはや、お酒に酔っているのか、森谷さんに酔っているのか、わからないほどの感激。のんびりチーム、取材冒頭にしてすでにフィナーレな気持ちでした。

ハンドルキーパーたちを除いては……（笑）。

田んぼへ

いきなりのおもてなしに興奮気味、且つ、若干酔っぱらいなのんびりチームですが、引き続き森谷さんに案内いただき、今度は、先ほどまで山の上から見下ろしていた田んぼへと連れて行ってもらいます。浅舞酒造のお酒はすべて、蔵から半径五キロメートル以内のお米でつくられていることが大きな特徴です。「言うは易し」とはこのことで、そうやって言いきるということは、すなわち、不作時のリスクを背負うということです。そしてそれは、うまい酒づくりには欠かせない、と有名な酒米『山田錦』を使わない（地元で山田錦を作らない限り）宣言でもあります。それで且つ、美味しいお酒を醸し続ける森谷さんという人が、いかにすごい蔵人であるかは言うまでもありません。いよいよ田んぼを目の前にした僕は、冒頭でご紹介した『夏田冬蔵』という言葉に込められた森谷杜氏の思いの深さをしみじみと感じていました。日本酒はおもに「寒づくり」と言って冬に仕込みが集中します。雪が雑菌を抑えて空気を浄化してくれるなどといった理由もありますが、単純に、米作り主体の農家は冬に仕事がなく、一方、造り酒屋では仕込みの間だけの労働力が欲しいと、互いの利害関係が合致しているゆえの夏田冬蔵なわけです。

夏の間、生き物相手に働いている百姓の親父さんたちが故郷に置き、蔵のなかでも生き物に対する真摯な姿がうまい酒を造っているのだ、酒造りの歴史はとりもなおさず百姓の冬の歴史なのだ……。

（『夏田冬蔵』より）

そもそも、僕たちが普段食べているお米と酒米はまったく別物です。需要の多い、ふつうのお米は、コンバインにかけやすいなど、人が作りやすいように、短く倒れにくく病気に強いように育種されたものです。

森谷さん（以下敬称略） 最初は例えば九俵ぐらいしか穫れない田んぼだってごどで出発し

たのが、倒れにぐいってわがるど、今度は多少無理して、もうちょっと肥料やってもいいんでないがってごどになって、一〇俵、一〇俵半……って欲ばるす。そうすれば、三年、五年……って一〇年くらい経づど、生まれだどぎの稲とは違う姿のものになっていぐんだす。んだども、昔からの品種、山田錦や美山錦は背が高いから倒れます。雑に作ったり、欲張ったりするど、強い台風が来るど、大雨が降るど、収穫どごろでない、大変なごどが起ぎるってごどで抑えるんだすよ。倒れるってごどがブレーキになってるんだすね。そうすると生まれだどぎの稲の姿と米の質が保たれる。だがら、ずうっと長い間植えられでる稲は、弱点のある品種だす。これ以上やると病気が付ぎやすいがら、肥料を抑えましょうって、無理させちゃダメだと。そういう、人がいじってない稲のほうが長続きする。それから、ああやって車通りますね。車通るどごろの稲は倒れません。トウモロコシって、背高くなってくるすね？あれ、風で押されて斜めになるど、横の節がら根っこ出すんだすよ。それと同じで、稲もトウモロコシもイネ科なんで、揺すぶられる、つまり人も同じで体揺すぶられるど、足を踏ん張るしかないすべ。すると、根っこが張るんだすよ。早く根っこが痛んでしまうと、米に水がいがなぐなる。最近、秋口がすごい暑いすね？ すると米にヒビ入っちゃうんですね。だがら水気がちゃんと最後までいくように、根っこどが、茎どがを太ぐする。

藤本　もとから酒米を作られてたわけじゃないですよね？

森谷　んですね。我々もふつうの一般米を植えでで。みなさん、酒つくってる米って全部が酒米だど思ってる人もいるがもしれないけれども、以前は秋田県も九五パーセントぐらいが一般米での酒づくりだったんす。それがいま、純米酒どが山田錦どが何々錦どが書いであるけど、ふつうの飲み屋さんで出すお酒はほとんど一般米なんですよ。

藤本　へ～！

森谷　だがら、米の品種のなかで、ある程度量ができるものを酒にも回してたってごどなんです。主食が困るようであれば、酒の量も減らさないといげない。だがらうぢでは「今年はあるけど来年はない」っていうごどをなくす方法はないがなってごどではじめだのが、地元の人だぢの米でやるごど。「全量買います」って言ってしまった。その代わり、全量買うってごどは、酒がなかなか出て行がないどぎに豊作で、在庫山積みなのにいっぱい酒つくらねばならねがったり、酒が売れでるどぎに限って米が不作で売る酒がながったりだ。ほんと危なっかしいごどだす。ここ三年不作つづぎ。去年も、欠品が何種類出だっけか？　一番売れねばダメな年末に酒がないがら、結局売り上げが伸びないわげですよ。なんか辛いごどを延々どやってるね。そういう世界。前の社長と酒飲みながらしゃべってたな。「儲からない仕事って、正義だよね」って（笑）。悔しいども、頑張ってる割に、ながなが儲からないし。「いつかはクラウンに乗せる」って蔵のみんなで言ってたけど、乗らないうぢに逝ってしまったっけ。酒米作る人だぢには「来年もよろしぐ頼むね」って言ったら「いいよ！　なんでも言って」って言われるようなバックアップしねば。だって農家さん真剣だもの。有機肥料増やしたい、手間かがるけど農薬減らして稲作りたいって言ってくれるのを知らんぷりしてられないもの。だがら持ち出しがふつうの蔵どは違う。そごが辛いどごで。でもそれを外してしまうど、うぢらしさもなぐなるし、なんとがやっていがねば。「〝地元で〟とか、〝全量〟何々してます」っていうのは大変なごどなんだね。

農家として杜氏として、その狭間で揺れる森谷さんは、まさに目の前に根を張って立つ稲そのもののようでした。田んぼを吹き抜ける風を受けて「この風でまた強くなるんですね」という僕に、「そうそうそう、風がなければダメ。風も雨も」と答えてくれる森谷さん。僕はその言葉に、浅舞酒造という酒蔵の、太く強い茎を見た気がしました。

第2章　夏田冬蔵／冬蔵

清水

蔵に戻った僕たちを、森谷さんが最初に案内してくれたのは、蔵前の道をはさんだすぐ向かいの敷地にある、仕込み水の水源地でした。かつて酒づくりに使われていた木桶が地中に埋められてあり、深さ二メートルの底から、微かに青い水が次々と湧き出ています。柄杓で飲ませてもらったその水の美味しさに、この水が、この土地の米を、酒を、豊かにしているのだと実感します。

つづいて蔵のなかへと移動し、一つひとつの工程についてさらに詳しく説明してくださる森谷さん。そこで僕は、一番聞きたかったことについてお話を伺うことにするのですが、その前にここで、日本酒のことについて、簡単に説明をしておかねばと思います。日本酒が好きな方にとっては当たり前の話かもしれませんが、少しだけお付き合いください。

日本酒には二種類ある？

実は僕は普段、兵庫県の西宮市というところに住んでいます。そうです。日本有数の酒どころ、灘五郷《なだごごう》と言われる町です。そもそも灘に酒蔵が集まったのは、宮水（西宮の水）と呼ばれる、酒づくりに適した水が湧出していたことからはじまります。そんな町にいながらにして、僕は正直、日本酒というものをあまり美味しいと思ったことがありませんでした。秋田に来るまでは……。

それはとても残念なことなんですが、僕がたまにお付き合いで飲んでいた日本酒は、飲むたびにひどい二日酔いになったり、それは多分に体質的なものだと思うのですが、どうにも自分には合わず、良くない印象ばかりが膨らんでしまっていたんです。それが、秋田に足繁く通うようになって、地元のお酒を飲むようになってから、なんとまあ見事に日本酒が大好きになってしまいました。それはまるで、僕がこれまで飲んできた日本酒と、秋田で飲む日本酒は、別物なんじゃないか？　と思うほど。しかし、そんな冗談みたいな推測が、実はそのとおりだったんです。同じ日本酒というカテゴリーのなかにあって、これまで僕が飲んでいたお酒と、秋田で飲むようになったお酒は、そもそも別物だったことがわかりました。

「本醸造」に「純米酒」。「純米吟醸」、「大吟醸」。ただでさえよくわからないところへ「火入れ」や「生酒」、さらには「生酛《きもと》」に「山廃《やまはい》」なんてまったくもって意味不明。このややこしい表記こそが、僕たちから日本酒を遠ざけている原因なのでは？　と思います。とにかくそんな複雑な日本酒の種類ですが、なにより大前提の区分は、

純米酒かそうでないか？

ということに尽きます。すなわち、僕が秋田で飲むようになったお酒は偶然にも純米酒で、これまで飲んでいたのは純米酒ではなかったということです。ではまず、純米酒とはなんなのか、を説明します。

純米酒とは、米と米麹と水でつくられたお酒のことです！　キッパリ！

え？　日本酒って、そもそもそういうもんじゃないの？　と思われる方もいるかもしれません。たしかにそのとおりだと思います。しかし、純米酒、純米吟醸、純米大吟醸などと、頭に「純米」という表記があるもの以外の日本酒は、すべて、そこに醸造アルコールが加えられています。アルコール飲料にわざわざアルコールを足すなんて不思議な話ですが、なん

と、日本酒として市販されているお酒の約九割が、この醸造アルコール入りなんです。そしてさらにそこへ、それ以外のもの、例えば糖類や調味料などを足したものが「普通酒」と呼ばれていて、なんとこの普通酒が、日本酒のシェアの七割を占めています。

しかしここではっきり伝えなければいけないのは、そういう普通酒と呼ばれるお酒がダメだとか、美味しくないとか、そういう話ではありません。醸造アルコールを入れることで、味をスッキリさせたり、さらに糖類などで味を整えていくことが、杜氏さんの腕の見せ所だという方もいます。もちろんそれはそれで良いとして、僕がここで言いたいのは、そういった普通酒が主流の世の中で、純米酒の美味しさを信じ、米と米麹と水だけで、真摯に日本酒をつくり続ける蔵人が、この秋田にはたくさんいるということです。そして、そんなお酒を愛す人たちがたくさんいるからこそ、僕は、ふつうに入った居酒屋で、何度も何度も、美味しい秋田の純米酒に出会えたわけです。

米と水と麹だけでつくる純米酒は、シンプルである分、嘘がつけません。できあがったあとで味の調整ができるわけではないゆえに、とてもシビアな酒づくりが求められます。にもかかわらず、そこにさまざまな手間と時間と技術を込めて酒づくりをする人がいます。さあ、いよいよ話を元に戻しましょう。そんな蔵人の代表が、森谷さんでした。

森谷　昔、うちは桶売り（小さな蔵が大手の蔵に原酒を売ること）で、アルコールをかなり入れだ普通酒を大手さんにタンクローリーで送ってだんですよ。それでなんとが生計を立てで、そしてあるとき、その大手さんがら「うちでは五年後には天の戸の酒取らないからね」って言われた。いきなりではなく、五年後に。そのときに「あ！　これ潰れる！」と思うすべ？　それで、なんとかつくるとすれば純米酒、ということで試作をはじめる。で、いまの『天の戸』をつくったのが、純米酒づくりのきっかけです。

藤本　それはほんとに言われたとおり五年後に？

森谷　ええ。なぐなったすね。あ〜、大変だったすよ。前の社長ど、隣が役場だがら「結局は駐車場だな。いまだったら駐車場で売れるがもしれない」って、冗談のような本当の話して。で、つくった『美稲《うましね》』もなかなが売れなくてね。六本入りの段ボールに入れで出荷するど、取ってくれだ店がら一本だげ抜いで、五本戻ってくる。「こういう酸がある色がついでるお酒は、うちのお客さんは買わないから、一本だけは試飲させてもらったけど、うちは取れませんから」って戻される。それこそ、一番最初に多く取ってくれるようになったのが、遠ぐの大阪のお店で、そこから東京に入って。そして、最近になってやっと地元でいぐらが飲んでくれるようになって。

藤本　ほんと、最近の話なんですね。

森谷　結構先駆けだったんだすね。酸の高い酒というのは。かなり早がったんでないですかね？　それが蹴られで、ちょっとショックを受げで（笑）。

藤本　それはいつ頃の話ですか？

森谷　平成七年です。いまは当たり前だけど、昔は色の綺麗なお酒が主流で、それまでは特級で色がつくなんてまずありえなかった。活性炭で吸着して色を取るんですね。そうすると色も取れるけど、うぢの蔵でそれをやると甘い香りや味も取れて、キーンとした固い酒になってしまう。でも、うぢはそれは技術のいるごど。せっかくついてるものは仕方ないじゃないか、湯上がり美人で、化粧もなしで、まず世の中に出しましょうと先輩に言ったら「森谷、お前は娘いないがらわがらねんだ」って言うわげ。「娘を嫁に出すどぎに化粧もしないで出すが？　最高に綺麗に着飾って出すのが酒だよ」って言われだ。でもその先輩の忠告振り切って、世の中に出したら見事に売れなくて。その時代としては早すぎたがな。

藤本　なるほど〜。

森谷　炭をかげないやづは、黄色っぽぐ見えるんだす。いくら削っても米の色があるんで。新潟の「淡麗辛口」全盛期。綺麗な酒でないとダメなどぎに、色がある、味が濃い、酸が高い……「しくじった酒だべ？」って言われだ。白ワインどが飲めば、そういうタイプいっぱいあるのに、なんでダメなんだべな？　って、俺の感覚、狂ってるのがな？　って思ったすね。だけどそれがら何年後がに、やっと売れでくれで、なんとか駐車場にならないで済んだ（笑）。

山田錦を使わない。半径五キロメートルのお米と水でしかつくらない。全量純米酒生産。これだけのことを高らかに宣言して、実践している蔵は、きっと全国でも他にないかもしれません。そしてそこには杜氏の思いを理解し、その技術とビジョンを心の底から信頼しともに歩んできた、蔵元と呼ばれる経営者の存在があります。それが柿﨑秀衛《かきざきひでもり》さん。中学の同級生だった柿﨑さんに誘われたことで森谷さんは、ここ浅舞酒造の蔵人となりました。しかしその柿﨑さんが今年一月八日、お亡くなりになられました。享年五五でした。

藤本 ストレートな言い方をしてしまうんですけども、やっぱり、社長が亡くなられたときに思われたことってありますか?

森谷 あったすね。体調がかなり悪いってごどがわがったどぎに、私ね、酒止めだんだすよ。

藤本 え!?

森谷 酒を断って、なにかをやるって意味ではなくて、自分を違う環境に置いてみるってのも一つかなって思って。それで、手術でぎない病気だってわがったどぎに、しばらぐ酒止めでみようがなって。そして、自分が携わってきた酒ってなんだろうって考えだんだす。止めでみるど、どういう感覚になるのがって。そして、一ヵ月、二ヵ月ってやったすね。そして、ふっと思ったのが「人恋しさ」だすね。ああ、酒って、そういう感情を持だせるものなんだって。

藤本　「酒恋しさ」じゃなかったんですね。

森谷　人恋しさだった。そして、社長のごどを考えだ。彼はいまなにが必要なんだろう。そしてこっちがやれるごど……って思っても、彼は、淡々どしてるんだす。いままでど同じようにしてるんだす。人ってこういう生ぎ方もあるんだな。余命の話なんかされだら、俺なんかうろたえで、じたばだして、こうだああだって動ぎ回るがもしれない。でも社長はいつもと変わらない。それで、逆に冷静になって考えねばねぇのはこっちのほうだなと。そして、酒っていうのはどういうもんだろうがど考えだんだす。それで思ったのが、「いいごどをしゃべると『よかったな』って言ってくれるし、辛いごどがあると『そんなごど気にするな』と言ってくれる」というような、それが酒どの付き合い方なのがな、って思ったわげですよ。せば、そういう酒ってどういう酒だろう？　で、やっぱり奇抜である必要はまったぐなくて、ゆっくり飲めで、人が休まるような。それまでカッカしてだのが「な〜んだ、あんたごどで怒る必要もないな」って思ってみだりどが。握ってだこぶしを緩めたぐなるような酒もあるなど思ったんだすよ。うぢの社長ど俺だぢが目指してきたってのは、そういうごどなんでないがなって。だがら、飲みやすい酒って、悪いごどではねぇな。そういう酒だったらば、「天の戸いいな」「天の戸飲もう」って言ってくれるがもしれないがら。学校には先生が代わろうが、生徒が代わろうが延々と受け継がれる「校風」がある。んだば蔵ではなんとだ。蔵元が代わったり、杜氏が代わったどしても若い蔵人に引き継がれていぐのはなんだろう。それはきっと、「やっぱり天の戸だ」って言ってもらえる酒質でねがな。そういう酒質のものをつくりつづげるごどがこの蔵として一番の根本がなと。社長のごどで考えたのが、この事だった。そして、あのとおり、いつもの柿﨑秀衛のままで社長は亡ぐなった。ああ、そういうもんなんだなと。人が亡ぐなっても残るのはその人の人柄。酒でいえば酒質だなと。人でもないし、蔵でもないし。「天の戸はこういう酒だな」っていうのを、もっとはっきり打ち出してね。「優しくなれる酒」でもいいすね。一杯二杯飲んでるうぢに酒のうんちくなんて忘れで、向き合ってる人どゆっくり話がでぎで「あ〜、あっという間にこんな時間だ」って帰るような。山田錦だの、何パーセント磨いだだの関係なくて、気がついだら話が盛り上がって「楽しがった。思いのほか飲んだな〜、そろそろ帰ろうか」っていうのでいいんでないがって。そうすれば銘柄残るすね。銘柄が残ると、蔵が残る。そのために酒をつぐっていぐ。

僕はもう言葉が出てきませんでした。ただ、今夜も天の戸を飲みながら、みんなと語りたい。そう思いました。

第3章　天洋酒店と白瀑

特集取材二日目、僕たちが向かった先は、秋田県能代《のしろ》市にある「天洋《てんよう》酒店」という一軒の酒屋さんでした。実は僕はいつも、この天洋酒店をとおして、遠く兵庫県から秋田の美味しい純米酒を買っています。この天洋酒店との出会いについて説明しだすと、長くなるので割愛しますが、とにかく、店主、浅野貞博《さだひろ》さんのおもてなし精神は、あの森谷さんにも負けないくらい。そしてなにより有り難いのが、毎度毎度、ものすごい数の日本酒を試飲させてくれることです。ここで浅野さんが試飲させてくれるからこそ、僕は秋田の純米酒のさまざまな個性を知り、秋田の酒の魅力に、どんどんはまっていきました。

元々は、ごくふつうの町の酒屋さんだった天洋酒店。しかしながら、量販店やスーパーの安売り競争から距離をとるべく、秋田の地酒専門店へとチェンジさせたのが、三代目となる店主の貞博さんでした。そんな浅野さんが薦めてくれるお酒のなかでも、一際異彩を放つお酒があります。例えば『ブルーハワイ』。その名のとおり、青色のお酒。え？　これが日本酒？　と疑いたくなるそのビジュアルは、能代にも近い八峰町八森《はっぽうちょうはちもり》にある「白瀑《しらたき》（山本合名会社）」のお酒です。そんな白瀑は、いま、秋田の日本酒業界を盛り上げている「NEXT5（ネクストファイブ）」の一端を担っています。NEXT5とは、『春霞《はるかすみ》』『白瀑・山本』『新政《あらまさ》』『ゆきの美人』『福禄寿《ふくろくじゅ》（一白水成《いっぱくすいせい》）』という秋田の五蔵の若手蔵元が立ち上げたグループで、それぞれの蔵元自身が、杜氏、または技術者としてお酒を醸しています。『天の戸』の森谷さんのような杜氏に酒づくりを任せるのではなく、蔵元自らが酒質をみる。この新しい動きがいま、確実に、秋田のお酒をおもしろくしています。しかし、そもそもそこには、いったいどういう理由があったのか知りたいと思っていた僕は、思いきって浅野さんにこんなお願いをしてみます。

「今晩、浅野さんと、白瀑の山本さんと、一緒にお食事できませんか？」すると浅野さん「おっ、いいね。了解！」と、さっそく山本さんに電話をしてくれました。なんともタイミングの良いことで山本さんもOKのお返事。そうして迎えた夜のお話は、僕らの想像を超えて素晴らしく実りあるものでした。

浅野さんと山本（友文《ともふみ》）さん

一同　乾杯〜!!!

山本さん（以下敬称略）　浅野さん、週末とか連休になると県外からお客さん来て休めないですよね。冬場とか蔵案内すごいすよね。

浅野さん（以下敬称略）　毎週土日だね。

藤本　へぇー！

山本　浅野さんが車に乗っけて、酒蔵を何軒も連れて行くんですよ。それが口コミで広がって、浅野さんからお酒を買ったこともない人が来て。「浅野さん、お客さんを選んでもいいんじゃないの？」って私言ってるんですけど。ボランティアでね。

浅野　みんなやっぱり来たがるのは酒づくりの時期じゃないですか。だから雪道で（笑）。正直言うと、前はレガシーに乗ってたんですけど、人が来るのでオデッセイに替えた。

山本　家族何人もいないのにあんな……。よく奥さん怒んないなと思って。

浅野　いやいやいや。

山本　すごいなあと思うのは、お客さんが浅野さんのところに、事前に一〇万とか何万とか振り込んでおいて、なんかいい酒が入ったら送ってくださいって。

浅野　五人いるんですよ。

藤本　すごいシステム！

山本　お酒以外にもじゅんさい送ったり。とにかく浅野さんが薦めるお酒は買うみたいな、その信頼関係は素晴らしいですよね。逆にこちらも変なもの出せないっていう。

浅野　山本さん、東京から帰ってきて一〇年？

山本　八月で一一年になる。でも六年赤字だったんで、やっと最近良くなって。

藤本　その六年すごいなあ。六年って長い。

山本　自分で酒つくって六年なんですよ。

藤本　山本さんは杜氏さんじゃないから経営者ですよね。

山本　経営者。

藤本　いい酒をつくるっていうか、つくってもらうっていうことですよね。

山本　つくってもらってたんですよ。それが折り合いつかなくて。

浅野　五年間は杜氏さんがいたの。でもその制度をやめて自分でつくりはじめた。

山本　私が帰ってきた一一年前は、赤字すごかったですよ。それで、もう七〇歳ぐらいの、私が生まれる前から四〇年も蔵にいた杜氏がいて、そういう人は何言っても聞いてくれないんですよ。「俺がつくった酒を売るのがお前の仕事だろ」みたいな。それでいろんないい店に持って行っても弾かれるんですよ。「これじゃあちょっとうちでは扱えない」って。でもつくってる方はプライドあるし、四〇年のベテランだから。で、七三歳くらいで引退したんですよ。「もう俺歳だから」って。ふつう杜氏さんが引退するときは、蔵のなかで補佐が全部引き継いで、次は彼に任せるから大丈夫だって言って引退するんだけど、うちにいた杜氏は、全部自分でやらないと気の済まない人だったんです。手の足りないところだけ「お前あれやっとけ」って。だから残ったスタッフは杜氏の指示がないと動けなかった。

藤本　なるほどー。

山本　それで一回うちの歴史は切れたようなものだったんです。もうこれは蔵潰れる、これでこのまま潰れるんだったら、俺が最後一年酒つくるって思って。

藤本　潰れるんやったら俺が自分でと。

浅野　最初おもしろかったですよ。彼がつくったお酒で、甘いお酒ができちゃった。それでもなんとか売らなきゃっていうことになって、『甘美』って名前つけたんだよね。そしたら売れて、だけど次の年、奥さんたちが「今年は出ないの？」って。困っちゃったな〜あれは。

山本　その頃は、どういうのができるのかわかんなかった。だからできたものに対して後付けしてるわけですよ。

藤本　浅野さんは、そういうときの相談相手だったってことですか？

山本　唯一ぐらいの。

藤本　そもそも知り合ったきっかけは？

浅野　彼がうちへ営業に来た。

山本　そうそう。能代のいい酒屋さんで、近いのに全然うちのお酒扱ってないよって、スタッフから聞いて「なんだよそれ、おい！」みたいな。で、行ってみたら、いろいろ教えられて（笑）。例えば蔵にいっぱい余ってる売れ残った酒をいかに売るか、みたいな。ちょっとした濁り酒が秋口まであって、「浅野さんこのお酒なんとか売らないと給料払えません」みたいな。それでまず商品名は『白神の初雪』と。

浅野　濁ってるお酒だったんでねえ。

山本　秋に濁り酒ってまず時期として外れなんだけど、事前に注文取っておいて、白神山地に初雪が降ったら送りますって。

藤本　へえ〜お洒落な。

山本　それで私、毎日双眼鏡で観察して（笑）。うちの町はすぐ麓だけど、近すぎて見えないんです。だからわざわざ能代まで来て見て。

浅野　それが大笑い。白瀑の前掛けして、双眼鏡覗いてるのを写真で撮ってパンフレットにして。

山本　結構売りましたよね。

浅野　売れたよね、あれね。とにかく、必死だったんですよ。

藤本　そもそも山本さんが営業に来たところで、正直、あんまりいいものがなかったら、いやうちはいらないって断ったらいいじゃないですか。それを一緒にやってみようと思ったのは、なんでですか？

浅野　やっぱり『白瀑』は地元のお酒だし、それにとにかく山本さんは情熱的だった。だから熱意に負けた。

藤本　でもそこには浅野さんの商魂というか、商売魂が燃えてますよね。

山本　アイデアマンなんだよね。

浅野　それはお互い様で。彼から酒ができるまでの経緯とかね、みんな聞いているわけだから。それが、スーパーとかではできない、情報提供になるから。

山本　デパートでもスーパーでも、そこでただ店ざらしにされてても、お客さん手に取らないですよ。だから浅野さんみたいに、お客さんが来て「今月の商品なんかありますか？」って言ったときに「いま、白瀑のブルーハワイありますよ」っていう、そういうのがないと。

浅野　私も有り難いんです。いろんなこだわった商品がある。

藤本　浅野さんってやっぱり商品もそうだけど、商品の背景の物語もないと嫌な人だから。そこを山本さんのお酒はたくさん提供してくれる。

浅野　たっぷりあるから。

山本　販売する人にとっては、お客さんに伝えるネタが豊富なほうが、やっぱり絶対薦めやすいはずと思って。

藤本　学び合いだなあ。

山本　やっぱりベテランの杜氏さんは一子相伝で、結局自分の技術がウリなわけですよね。私最初の頃そういうの知らなくて、ある杜氏さんを掴まえて「今年はお酒何本ぐらい仕込むんですか？」とかって訊いても「うーん」って。「今年はいつ頃お酒づくり終わりですか？」

「うーん」すべてはぐらかされる。

藤本 なるほど。だからこそのNEXT5。

山本 みんな似た環境だから、みんなで一回全部フルオープンにして、訊いたら誰かが答えるようにしようと。

藤本 そもそもNEXT5ってどうやって生まれたんですか?

山本 雑誌『dancyu』の四年ぐらい前の日本酒特集に、私と新政が紹介されたんです。で、それを読んでたら、後ろのほうに広島で「魂志会《こんしかい》」っていう六つの蔵のグループが載ってたんですよ。それ見て、ゆきの美人の小林さんに「『dancyu』見た? あの広島の魂志会、あいうの秋田でできないかなあ?」って言ったら、「そういえば新政の祐輔くん、去年の秋帰ってきて蔵に入ってるらしいぞ」「春霞の栗林さん、杜氏が酒つくってる途中に急死して、途中から栗林さんが酒をつくってるらしいぞ」「五城目の一白水成は若い杜氏と二人でつくりはじめてるぞ」って、もうそれで五蔵いるから「なんかやろうやろう」みたいな。酒づくりが終わってから五人で集まって。そしたらみんなやっぱりお互い杜氏制を廃止したみたいなところがあって。それぞれ技術的な情報に飢えてると。じゃあそれぞれ情報を持ち寄りながら、足りないところをシェアしあおうよっていうのが三年前。

藤本 そういうことか。実は昨日、天の戸の森谷さんに会って来たんです。

山本 森谷杜氏、最高ですね。素晴らしい。森谷さんは人を楽しませようっていうエンターテインメントがわかってる人だから。ああいう杜氏さんてなかなかいないんですよね。

藤本　ちなみに明日は、『雪の茅舎』の高橋杜氏に会いに。

山本　おぉ〜。秋田はいまそういう高橋さんみたいなベテランがいて、そのあと引っ張っていく若手と言われていた森谷杜氏がもう中堅となって、あとＮＥＸＴ５の私たちのような新しい、そういう三つが同時にある最後の時期じゃないですかね。

藤本　その三つのお酒を同時に楽しめる自分たちがいかに幸せかって思います。

山本　ＮＥＸＴ５作ったときの私の提案で、ずっとこの五人で歳取っていくんじゃなくて、どこかの蔵に、あたらしい後継者が出てきて、ノウハウに飢えてるんだったら、年上から順番に入れ替わっていくようにしようと。いつの時代でも秋田のＮＥＸＴ５は、その時代で試行錯誤して模索してる団体だといいって。

第4章　藤一さんという革命児

雪の茅舎

天洋酒店の浅野さんと白瀑の山本さん。お二人のお話から、お酒が、蔵が大きく変化し成長していくその陰に、酒販店さんの協力があるということを知りました。ちなみに現在、山本さんがつくるお酒も全量純米酒となっています。前の章で説明したとおり、市販されている日本酒のたった一割ほどでしかない「純米酒」というものが、いま、確実に秋田の日本酒を変化させていることがわかってきました。そして僕たちが、満を持してこれから会いにゆかんとする人。それは、昨夜の会話にも出てきた、『雪の茅舎』の高橋藤一杜氏。秋田の純米酒の世界を切り開いた第一人者です。

齋彌酒造店

僕がそれこそまだ天洋酒店の浅野さんに出会う前、とある企画で秋田を旅していたときに、偶然出会ったのが『雪の茅舎』の「齋彌《さいや》酒造店」でした。酒づくりの時期ではなかったのが功を奏したのか、まったくのノーアポイントであるにもかかわらず、蔵を案内してくださることになり、素人の僕たちを相手に、丁寧にその工程を説明してくださったのが、高橋藤一さんご本人でした。

その当時はもちろん、純米酒と、それ以外の「アル添」と呼ばれる、醸造アルコールを添加したお酒との違いすらわかっていませんでしたが、そんな僕でさえ、藤一さんが発する言葉の一つひとつが驚きの連続だったのを覚えています。その夜に飲んだ『雪の茅舎』の美味しさに、僕は一発で虜になってしまい、まさにそれが、僕が日本酒を生まれて初めて美味しいと思った瞬間でした。

さっそくですが、ここから藤一さんのインタビューを掲載します。一九四五年生まれ。山内杜氏といわれる東北の酒づくりに欠かせない職人集団を生み出した山内村（現・横手市山内）出身の藤一さんは、まさに生粋の蔵人。一九八四年から齋彌酒造店の杜氏となり、さまざまな品評会で受賞多数。秋田の蔵人たちの誰もが認める長老でありながら、唯一無二の革命児。藤一さんから放たれる言葉一つひとつに、秋田の蔵人たちのなんたるかを知る思いでした。

高橋藤一さんインタビュー

藤本　僕たちいまでこそ、純米や、本醸造などの表記についてわかるようになってきたんですけど、そもそもとても複雑ですよね。

高橋さん（以下敬称略）　まず、日本酒って、酒税法っていう法律があってすごく難解なんですよ。とにかく日本酒、清酒っていうものはわかりにくい。つくっている本人たちですら難解。だからまずは、アル添が清酒で、純米酒が日本酒っていうふうに、別にしてくれって協会にお願いしているんです。

藤本　そうなったら本当にわかりやすいのに。

高橋　それで、いまだに原料として、ブドウ糖はいいですよ、水飴もいいですよ、っていうように添加物が認められて、そういうのが普通酒って言われて。ただそんなことばかり言ってると、またあいつ妙なことを、って言われるんであんまり言わないように（笑）。もちろんアルコールも、じゃあ全部否定できるかというと、ずっとうちは一一一年間、『由利正宗』っていう銘柄でやってきたんで、その部分については地元の人たちのためにも若干のアルコールを添加している。それはどうしてもいまの一般酒の販売価格が決まっているんで。それでもうちは糖類を添加していないので普通酒は経営上、赤字です。普通酒は売れば売るほど、持ち出し。ただ、それもかたくなに昔から、地元の方々に支えていただいたという思いがあるんで、そのためにつくっている。

藤本　実際、それはどんどん減っているんですか。

高橋　はい。いまはもう、全体の三〇パーセントを切っていますので（二〇一七年現在は一〇パーセント）。だから純米酒宣言してもいいんですが、それは黙っていても自然に純米酒になっていくと思います。一〇年後は普通酒はほとんど残らないと思いますね。

藤本　そうなんですね。

高橋　ただ、全部否定するんじゃなくて、本醸造、それがまあ赤字なんですけど。地元の方も、いわゆる普通酒からそういうちょっとグレードアップしたものに変わってきている。だから普通酒が減った部分が、若干アルコールが入った本醸造に。

藤本　藤一さんがここに来られた頃とは、まったく蔵の状況も周りの状況も違うわけですよね。いまでこそ若い蔵人が全量純米酒にっていう流れになってますけど、藤一さんが純米酒にチャレンジするっていうのと、いまの状況は全然話が違ったんじゃないかと。

高橋　この蔵に来る以前から、普通酒ってまずブドウ糖を入れて、甘みをつけて。酒でねぇって思ったんです。やっぱり、本当は米と水。それでやはりきちっと飲めるものを残さないと日本酒って絶対滅びるって思ったんですよ。これは、うちの社長さんもそう言っていました。残念ながら蔵に生を受けても自分の酒をうまいと思わない。そういうものが商売になるとは絶対思えない。と、それは社長さんもそういう考えでした。

藤本　その頃っていうのは、いまの社長のお父さんですか？

高橋　はい。いまの会長。ただアル添で普通の三倍醸造っていうのが黙っていても売れた時代があるんですよ。バブルのときなんか、営業なんかただの配達員ですよね。うちも四トン車二台あって、二トン車三台あって、北海道まで行きましたので。あの頃は酒をつくりさえすれば良いっていう時代で、品質とかうまいものとかって話は業界から消えたんですよ。だけど、いくら蔵が傾いてもなんとか社員が食えれば、方向転換したいってね。いまはそれなりに我々も技術レベルも上がって、飲めるものなんですが、アルコール入れてブドウ糖入れる酒を、ただ入れないから飲めるかって、なかなか飲めない。完全につくりを変えないと、米と水でうまい酒ってできない。だから全部、いままでのものを否定して、一からやり直す。

藤本　例えば、酒蔵の風景として誰もが描く、櫂《かい》入れの風景。初めてこちらに伺ったとき、ステレオタイプな造り酒屋のイメージしかなかったんで、櫂入れはまったくしないって聞いてほんと驚いたんです。それでもあのときにおっしゃった「タンクのなかは微生物の世界だから、人間がしゃしゃり出る世界じゃない。自然に対流があるんだから、そこに棒突っ込んだらどうなります？　止まるでしょ？」って言葉はすごい説得力でした。で、最近ほかの蔵にも行くようになって、それがいかに常識破りなことかもよくわかってきた。そういう型破りなことをやれたのは、蔵元とそこを共有できたからですよね。

高橋　いや最初はね、すごい秘密裏にやりますから。とにかく、新しいことにチャレンジするっていうのはハンデがある。だから蔵が倒れない範囲で。社員をね、路頭に迷わさない範囲で。だから櫂入れしないっていうのも最初はね、五〇キロの小さい仕込みから、でも一番の原点は梅酒瓶一つ。かき回さなくても酒はできるってわかったのは梅酒瓶。

藤本　へえ〜！

高橋　目隠しで、いろんな人に飲んでもらって、どちらがいいですかって。そしたらほとんど、二対八ぐらいで櫂入れしないほうがいいって。

藤本　入れなくてもいいじゃなくて、入れないほうがいいか。

高橋　それで確信できたんで、最初は半分くらい、二年目は全体で。

藤本　いまは蔵に娘婿さんがいらっしゃるんでしたっけ？

高橋　はい、蔵はいま、彼が、作業とかスケジュールとか管理して、私は配合とかチェックしています。彼が四五歳かな。あとは彼よりも年齢が若いスタッフで固めています。平均が三六歳かな。平成生まれの子も入ってきました。

藤本　そういう人たちは山内の出身の人たちなんですか？

高橋　ではないです。県内全体から。一緒に酒をつくりたいっていう気持ちの人なら引き受けている。

藤本　面接は高橋さんが？

高橋　はい。もちろん、社長さんや部長、担当者と一緒に面接します。

藤本　どこらへんで判断されるんですか。

高橋　性格。もう一つは醸造学を学んでいない人。法学部とか教育学部とか、いっさい酒に染まっていない人。それが採用条件。うちのつくりって、いまの醸造学では認められないつくりだから。

藤本　おもしろいなあ、酒づくりに対してまっさらな人じゃないとダメ。でも、具体的にどういうところがそんなに違うんですか？

高橋　まず、つくろうって考えなんですよ。工業製品みたいに。でも、ここは「つくる」じゃなくて「できる、授かる」って考えて、それから「育てる」って考え方。あくまで主役っていうのは酵母であって、当然脇役に麹菌とか乳酸菌とか、まあそのほかの微生物がいっぱい関与してひとつの『雪の茅舎』っていうお酒ができる。我々はそれにどんなサポートができるか、お膳立てするしかないんだよね。それをつくろうって考えるから、手を加えたくなる。

藤本　造り酒屋じゃなくて授かり酒屋だ。

高橋　シンプル、わかりやすいつくり。なにもこんなに学問でごちゃごちゃやる必要はなくて。でないと日本酒って全部工業製品みたいなマニュアル化したまあ、化粧水のお化けみたいな物がいっぱい世の中に増えちゃって、それでは夢がないですよ。……ちょっと待ってくださいね。

――古いノートの束が――

藤本　え?!　……これは?

高橋　三〇年間の日本酒の流れが。

藤本　すごい!　どの時点でこれを始めようと思ったんですか?

高橋　最初はね、データを作ろうと思ったんです。それで一〇年間ぐらい集めたら、一つの物になるだろうって考えた。データ集めて分析して書いたら、出品酒の争いとかで勝てるようになったんですが、市販酒がまずくなったの。で、そのデータ集めはもう卒業しようと。

藤本　へえー。こういうデータの存在って蔵のみなさんは知っているんですか?

高橋　知っていると思います。誰でも一時期データデータの世界があって。だからいまの若い人のことも否定はしないんですよ。そりゃ、若いときはいいですよ。ただ、必ずそれを卒業しなきゃいけないですよって。で、これが……

――さらに、表紙に「二十年後の日本酒」と書かれた一冊のノートが――

藤本　これって……。

高橋　この業界に入って五〇年だから、私の酒づくりの一つの区切りだと思って。それ以上の部分はまあ、プラスの部分なんで、次の世代に残せるものはないのかなと。だからこれは、こうなってほしいっていう願望で、データとかまったくない。それと、あと一つは、これまで職人が残した書き物ってありません。学者さんが書いた物っていっぱい残ってますけど、職人の思いって誰も残してくれていない。それがすごい残念だと思ってます。だから、平成二五年に杜氏がこんな思いで酒をつくっていた、それを残したくて。それでこれを。

藤本　あぁ〜。

高橋　一〇年はまだ私、空気吸ってるかもしれない。二〇年後だと可能性はものすごい低いから。一〇年後ってのはすぐですよ。うちがいまあるのは二〇年後、こういう酒つくりたいっていう思いで、目指してきたんで。

藤本　教科書だ！

高橋　データは否定しないんですよ。私も若い頃やっていたから。でもありったけ取って、やって、その反省の上に、あんまりデータって信用ならないものですよって、データだけじゃダメだと。それでいま、「心」を残したいと思ってこれを書いてる。

山内村へ

『二十年後の日本酒』との衝撃的な出会いを経たあと、僕たちはそのまま、横手市山内にある、藤一さんのご自宅へとお邪魔させてもらいました。畑で採れたキュウリや、藤一さん自らが採ったという山菜を肴にいただく『雪の茅舎 純米吟醸』は、僕がこれまで飲んだどのお酒よりも美味しく感じました。蔵のなかとはまた違う藤一さんのリラックスした姿に、会話も弾みます。そしてその話題のほとんどが次世代の蔵人たちへの思いだったことはとても印象的でした。

高橋 いま、私が一番心配なのは、日本酒の未来のこと。でも必死で若い人たちも頑張ってる。秋田の蔵を支える人材もいる。俺もあの年代はこうだったなあと思いながら、いろんな動きを見てる。

藤本 幸福だなあ。若い人たち。

高橋 進化してる部分が見えないと消費者のみなさん方って離れていく。一過性のものじゃダメです。飽きがくるようなもんじゃダメです。やっぱりきちっとした品質、風味を醸せることが私の酒づくりの絶対の条件。個性的なことをしちゃうと、次のもっと個性的なもの、もっと次の……って続いちゃうから。結局そういうものって限界が見えてくる。

藤本　なるほど。

高橋　すごい有り難いのは、我々、若い人たちのおかげで救われたんですよ。森谷くんもうちらも。だからそろそろ一緒の方向に向かおう、って。

藤本　やっぱり藤一さんは、雲の上の存在だから、若い人たちは当然、追いつけない、同じ土俵には立てないと思いますよね。

高橋　そんなことない！　一緒にやれば、必ずそのときが来るって。

　僕はまったくの部外者にもかかわらず、なんだかもう胸がいっぱいでした。秋田の二〇年後の未来を作る若き蔵人たちにエールを送る藤一さんは、あまりに素敵で、愛にあふれる藤一さんの言葉を胸に、僕たちは最後にどうしても会っておきたい人に会うべく、秋田市内へと戻りました。

Photo: Tomoki Hirokawa

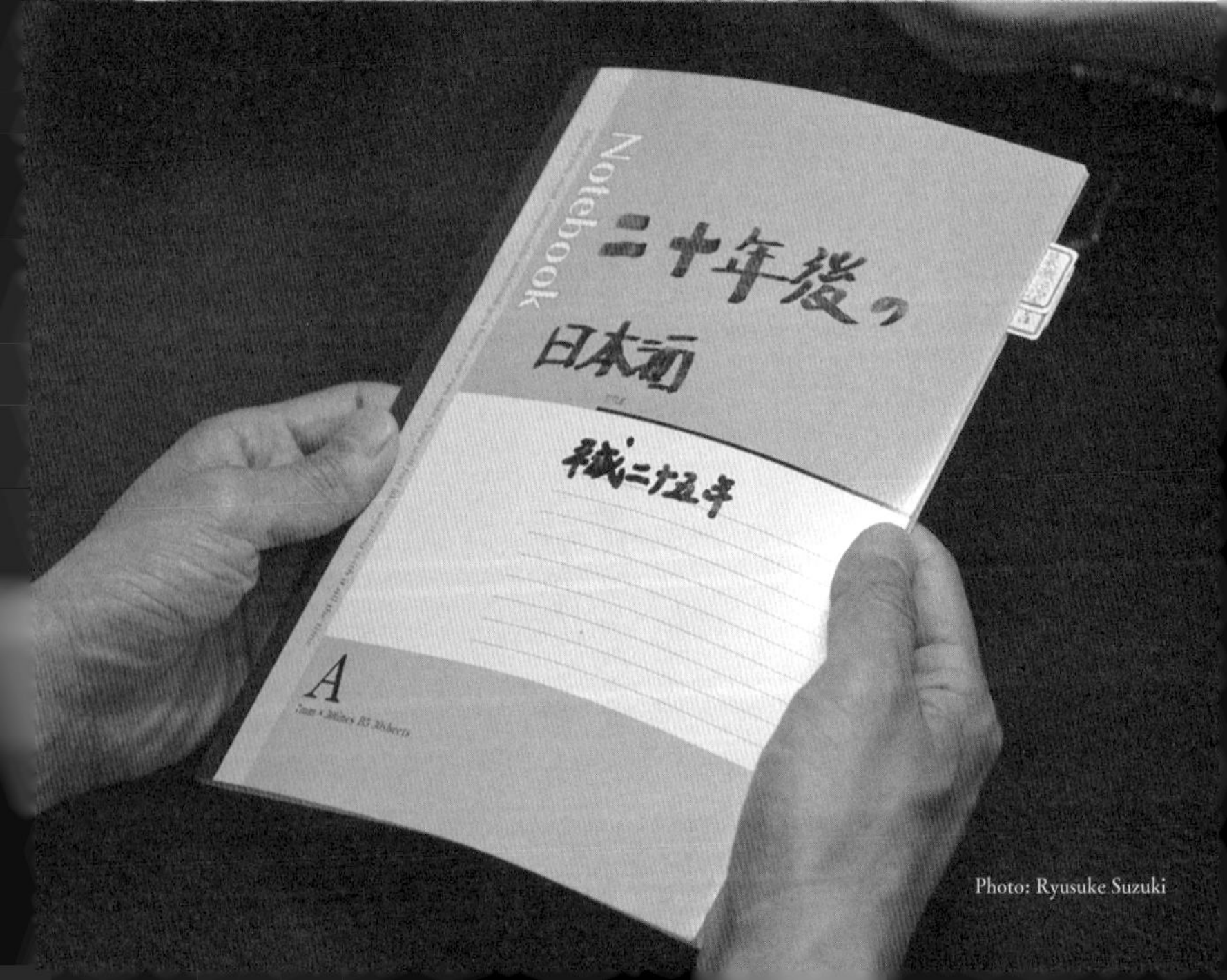

Photo: Ryusuke Suzuki

最終章　継いでいく人

新政酒造

藤一さんのメッセージを胸に、会いに来た人。その人の名前は佐藤祐輔さん。山本さんの「白瀑・山本合名会社」同様、「ＮＥＸＴ５」の一端を担う「新政酒造」の代表。一九七四年生まれ。東京大学文学部卒業後、ルポライターをしていたという、異色の経歴を持つ若き蔵元です。秋田市の中心部、川反《かわばた》地区に所在する新政は、今回の取材でまわった蔵のなかでは比較的大きい酒蔵ですが、それでも秋田県の蔵としては中規模クラスとのこと。その歴史は古く、清酒史上に残る優良な酵母が発見されるなど、業界の発展に貢献してきた蔵としても有名です。しかしいまもなお、秋田の年配の方にとっては、新政のお酒といえば、普通酒と呼ばれる晩酌酒のイメージが強いかもしれません。安くて美味しいのはいいことですが、日本酒自体が売れないと言われて久しいなか、二〇〇七年に祐輔さんが東京から帰ってきたことを機に、新政は新しい時代へと静かに大きくチェンジしていきました。そして二〇一三年。新政酒造はこう宣言したのです。「秋田県産米ならびに水を原料とし、これを麹菌、乳酸菌、そして当蔵発祥の六号酵母※を用いて発酵させ、酒とする」。もちろん全量純米づくりです。さらに「表示義務の有無に関わらず、製品に残存する酒質矯正剤や発酵助成剤（醸造用酸類、無機塩類、酵素類など）は使用いたしません」と、それはもう高らかに。僕はこの祐輔さんに、若き藤一さんを見てしまいました。祐輔さんお勧めの居酒屋で、お酒を酌み交わしながら語り合ったその一部。ぜひご覧ください。

※六号酵母　新政の酒蔵で発見された、現在頒布されている協会酵母のなかで最も歴史のある清酒酵母。

佐藤祐輔さんインタビュー

藤本　浅田くん（浅田政志）が初めて飲んだお酒が『天蛙《あまがえる》』なんですよ。

佐藤さん（以下敬称略）　まじですか!?　ありがとうございます。

浅田　ビールとかは飲めなくてもいいんですけど、日本酒は飲めるようになりたいですね。日本人だから。

藤本　僕も秋田の純米酒のおかげで日本酒が好きになったんです。

佐藤　やっぱりいいお酒を飲むっていう、地酒の文化って、団塊世代までは知られてなかったんですよ。こんなに多様なお酒を飲めるようになったのって、団塊ジュニアがはじめじゃないですか？　だからみなさんがはじめの世代ですよ、たぶん。

藤本　そうか。

佐藤　絶対そう。

藤本　純米酒って、市場的には新しいお酒なんだ。でも新政って普通酒をたくさん売って経営が成り立ってたわけですよね？　それこそ、六年前に帰ってきたときはどういう状態だったんですか？

佐藤　人口が減ってどんどん酒が売れなくなってるし、普通酒は価格競争が激しいから経営的には大変でしたよ。けれど、秋田県内の酒蔵は、体質的に、大概同じ悩みを持ってて。例えばＮＥＸＴ５も、技術系とはいえ経営者の集まりですから、商売の相談してるうち仲良くなった面もあります。

藤本　つくりは杜氏さんお願いします、っていうふうにはならなかったわけですか？

佐藤　ならなかったですね。うちにも若い杜氏、つまり製造部長がいるんだけど、私と二人三脚で指揮をとる。つくりを閉鎖的な感じにしたくなかったからなんです。昔ながらの職人さんって、技術を組織に残さないで、自分だけの秘密にする傾向にあるでしょ。でも僕らにとって、それやられたらたまったもんじゃないんです。自社商品の成り立ちがわからない、一〇〇パーセントの責任が持てないなんてまずい。

藤本　なるほどなあ。

佐藤　結局、杜氏制度が僕らにとってキツいのは、杜氏が変わると味も変わっちゃうし、じゃあ蔵元のように蔵にずっといてくれるかっていったら、コロコロ変わるんですよね。渡り鳥みたいに。それで、レストランの経営に失敗してたような感じだったんです。

藤本　うーん。なるほど。

佐藤　じゃあ新しいシェフでも同じことになるかもしれないんだったら、蔵元がやったほうがいいだろうっていうのが僕が考えたこと。その代わり規模を小さく。目が届くくらいの規模にして。

藤本　そういうポジティブな縮小って、なかなか理解してもらえなかったりするんじゃないですか？　蔵のなかの人たちに。

佐藤　そうでもなくって、もちろん縮小したいとは言いませんよ。するのはわかってたけど。でもやっぱり帰ってきたときに、どんどん普通酒がパックになって、そうやって地元で戦ってて、必然的に価格競争に巻き込まれて。でもうちはコストが高いから、そもそも普通酒で戦う蔵じゃないんですよ。物を運ぶのにも担いで階段上る、そんなところでコスト安くできないから、全部純米に切り替えて。でも正直、親父のような団塊の世代はやっぱり無条件で売れまくっていたんで、そこはよくわかんないと思うんですよ。僕らの世代はみんな基本的に経済成長しないんだろうなってなかでやってるじゃないですか。そんななかで、あとから帰ってきて王道のお酒で市場に入って、他の蔵のシェアとかとったら、お互い不幸だと思ったんです。だから自分で新しい市場を。六号酵母だけでつくってる蔵だってないし。それで変なお酒ばっかり出してるんですよ（笑）。

藤本　それがただの変なだけの酒じゃないから素晴らしいですけどね。みんなが新政という蔵に、佐藤祐輔に、どんな新しい酒を飲ませてくれるのか期待してる。とにかくアグレッシブに見えるんですよ。新政のお酒っていうのは。で、それは僕にとっては、雪の茅舎の藤一さんの若い頃のように思えたりする。例えば、藤一さんが櫂入れしませんっていうのは、微生物に対して人が手を入れないってことを言ってるんだけど、そこにいたるまでには、藤一さんなりの、挑戦とか失敗とか、そういうのがあってこそだから。できあがるお酒はもちろん違うけど、でも酒づくりに対する根本的な思いとか、僕は二人一緒やなって思う。

佐藤　あんな偉大な方と一緒なんて言われたら申し訳ないな。恐縮です。

藤本　今日、藤一さんと日本酒の未来のことをいっぱい話してきたんだけど、実は、藤一さん、NEXT5のみなさんのことを、こっそり暴走族みたいなもんだ、って（笑）。若いうちにヤンチャしてた人はみんないい大人になるって。あと、森谷さんという存在も、元祖NEXT5みたいなもんだって。

佐藤　そうですよね。秋田の酒の歴史を振り返ると、約一〇〇年ほど前に、両関が真っ先に全国的にも高い評価を得たことから始まって、天の戸、まんさくの花、雪の茅舎が加わって。

そしていま、僕らNEXT5もその一員として、やっと戦力になってきたのかな。先駆者がいたからこそ、いまの我々もあるんです。

藤本　藤一さんもNEXT5のおかげでいま日本酒が盛り上がっている、それはすごいありがたいっておっしゃってました。

佐藤　ほんとに？　あららららら。

藤本　だけど幼いって。それってめっちゃ愛があると思いました。

佐藤　藤一さんには頭上がりません。帰ってきたときからよくしてもらってました。あと、森谷さんも、この地酒界のなかでずば抜けて貴重な存在。そう、さっき蔵元の苦悩ばかりを言いましたけど、もちろん杜氏も大変なんです。こんな移り変わりの激しい世の中で、二〇〇〇年も前から続くこの伝統産業をどうやって守っていったら良いのか？　みんな、その人の立場なりに深く悩みながら酒づくりしてるんですよ。

藤本　あっ、日本酒なくなりましたね。

佐藤　じゃあ頼みましょうか。うちのも一ついいですか？　うちのと、雪の茅舎の山田穂、あと、天の戸の夏田冬蔵を……。

藤本　あれ？　浅田くんめっちゃ飲んでない？（笑）。

佐藤　ほんとだ。

浅田　好きなんですよ（笑）。

藤本　浅田くんは新政で変わったんだよね。浅田政志の「政」は、新政の「政」なんですよ。だから、新政をもって新しい政志になったんですよ。

僕たちは、そのあともずっと日本酒の未来について語り合いました。

エピローグ

教育について考えるところから、日本酒の世界に行き着いた僕たちにとって、もはや運命の出会いとしか言いようがない一冊のノート。『二十年後の日本酒』。秋田の日本酒がやっぱり一番だとか、そういうことではなく、ただただシンプルに、秋田には未来を見据えて酒づくりを変革させてきた偉大な人がいて、その精神を受け継ぐ若き蔵人がいるということを、僕たちは今回の取材をとおして知ることができました。

ここで、藤一さんの了解のもと、『二十年後の日本酒』に書かれている言葉を少し掲載させてもらおうと思います。それは、とてもシンプルな日本酒の定義からはじまります。

日本酒とは
米と水が原材料であること。
自然の営みによる
恵みであること。

　これはまさしく純米酒そのものです。二〇年後の未来には、日本酒というものがすべて純米酒になっているように。そう藤一さんはメッセージされていました。さらにページをめくっていくと、いくつかの項目ごとに、藤一さんのメッセージがしたためられています。そこから最後に一つだけご紹介して、今回の特集を終わりたいと思います。

挑む

酒造りも新しい事に取組めば、失敗はつきものである。
挑戦しては失敗し、挑戦しては失敗し、
その繰返しの中で、やっと成果を得ることが出来る。
独自の技術が身に付く。

その時の心の底から、湧き出す喜びと感動は、
その人を一回り大きく成長に導く糧である。
失敗するのは決して恥ずかしいことではない。
途中であきらめて投げ出すことが一番恥ずかしいことである。
酒造りは失敗の連続である。その失敗で何を学ぶかが大切である。
思いが通らなかったその酒に正面から向き合うことである。
語りかけることである。
その酒に答えがかくされている。

思いついたら挑戦しよう。
失敗しよう。
国酒の為に。

Photo: Ryusuke Suzuki

秋田弁でしか伝えられないもの

第1章　標準語の村？

何度も訪れるようになった秋田の町。特に秋田市内で仕事をしていると、もはやここが秋田なのかどこなのかわからなくなることがあります。その理由の一つはチェーン店の存在。全国どこにいても同じ味、同じサービスを提供してくれるチェーン店は、安心感という意味ではとても素晴らしいことなのかもしれませんが、その結果、駅前や国道沿いの景色が画一化され、その土地にもともとあったはずの個性や文化が次々と消えてしまっています。その裏側には、それを喜ぶ土地の人たちの暮らしがあるだけに、やみくもに否定する気はありませんが、旅人という立場でこの町にやってくる身として、なんだかつまらないなあ、と思うこともしばしば。そしてそれと同じくあるのが、僕は言葉だと感じています。

ここで突然なんですが、「のんびり」にも協力してくれている、秋田在住イラストレーター、スダタカミツくんのブログ記事を一部引用させてもらいたいと思います。町内会班長となったスダくんが回覧板をまわすためにご近所さんを訪れたときの話です。

奥から「いま、ガス止めるからちょっとまってで〜」と聞こえてきました。私は「ままざめしてるところ、すいません」と言うと、おばあちゃんは嬉しそうに「あなたどこの出身？　本荘《ほんじょう》だが？」と言いながら、台所から歩いてきました。「ままざめ」という言葉は秋田弁で「夕飯の支度」のことをいいます。おばあちゃんは本荘の出身で、言葉の響きから昔を思い出したようでした。そのあと、おばあちゃんは自分の若い頃の話や、自分の父親の話などもしてくれました。たしか、おばあちゃん、ままざめ途中だったけどいいのかな？　と気になりながらも、優しい笑顔に引き込まれ、ついつい話に聞き入ってしまいました。

このように、郷土の言葉はまるで魔法の言葉です。たった一つの方言が、世代の違う二人の距離を一気に近づけてくれる。しかし、郷土の言葉はいま確実に消えつつあるように思います。どこに行っても同じ服が買えて、どこに行っても同じ味のハンバーガーが食べられるように、どこに行っても標準語でコミュニケーションがとれる世の中はとても便利で、明らかに僕たちはその恩恵を受けながら暮らしています。しかし、便利という名の正義を疑わぬまま突き進んできた日本人が、いよいよその先の未来に限界を見はじめたいま、僕は標準語と方言との新しい共存についても考えてみたいと思いました。そしてそれを考えるために最も適した土地が、この秋田だということに気づいたのは、この特集を組もうと決めた直後のことでした。

実は、のんびり秋田チーム（二〇〜三〇代）を含め、まだ若者と呼ばれてもおかしくない世代の友だちのなかに、堂々と秋田弁を話す人たちが何人かいます。特に秋田市内のような町なかにおいて、まっすぐ方言を話すということは、どこか恥ずかしさがつきまとうものです。しかも、言葉に対するコンプレックスが最も根深いのがこの県では？　と思うほどの秋田で、とても自然に秋田弁を話す同世代の友だちは、訛りがキツいというよりも、秋田弁を巧みに使いこなしているといった表現がしっくりくるほどに格好良く見えました。

例えば、先述のスダタカミツくんもその一人。これまた堂々とした秋田弁の奥さんとともに、スダ夫妻は秋田に通いはじめた頃の僕にとって、秋田という土地を知るために最も重要な人たちのような気がして、秋田に来るたびにスダ家に泊めてもらっていたことを思い出します。それはやはり、その土地の文化を知る一番の方法が、その土地の言葉を知ることだと感じていたからかもしれません。

標準語の村

そんな僕が、「そうですね」というより「んだすな〜」。「美味しいですね」というより「うめっすな〜」という、味わい深き秋田弁の魅力にはまりはじめたのはもはや必然。その素晴らしさについて、なかば盲目的に信じはじめていた頃のこと、秋田駅前の書店で僕は一冊の本に出合いました。『標準語の村～遠藤熊吉《くまきち》と秋田西成瀬《にしなるせ》小学校』（無明舎出版）。

このタイトルを見た僕は、郷土の言葉を隅へと追いやり、無味乾燥な標準語へと変えてしまった犯人はいったい誰なんだ!?　と、半ば怒りに近い気持ちでその本を手にとったことを覚えています。そこに書かれている内容はこうでした。

秋田弁が好きか？

いまのように、みんなが標準語を話せる時代ではなかった昭和初期、「シ」と「ス」、「チ」と「ツ」の区別がはっきりしない、いわゆるズーズー弁の東北にあって、なぜか、秋田県旧西成瀬村（現横手市増田町）の人たちだけは綺麗な標準語を話すことができたそうです。その秘密が、いまは廃校になってしまった西成瀬小学校の標準語教育にあり、それを指導したのが遠藤熊吉という人物だということでした。立ち読みしながら、なんとかそこまで理解した僕が、いよいよこの本を持ってレジに向かったのは、そこに収録された「方言と共通語の意識調査」というアンケート結果を見たからでした。そこには、西成瀬小学校を含む周辺の小学校四校の出身者に対するアンケートが記されており、そのうちの一つ、「秋田弁が好きか?」という質問に対して「好き」と回答する人の率が飛び抜けて高かったのが、西成瀬小学校の卒業生なのでした。このことは僕の頭を一瞬混乱させました。おそらく、徹底した標準語教育を受けた西成瀬小の卒業生たちは、だからこそ秋田弁の良さにもハッキリと気づくことができたのだと思います。そして遠藤熊吉という人物はきっとそこまで見越していたのだと思いました。遠藤熊吉の標準語教育は、方言がダメで標準語がヨシであるといった、二元論的な話ではなく、その双方を使い分けることを目指したのだと感じた僕は、なんだか一人ドキドキしたんです。

五月八日

朝九時。今回も秋田在住メンバーに加え、東京や関西からやってきた県外メンバーも大集結したのんびり編集部。先述の話とともに、今回の特集テーマについてひととおり説明を終えた僕は、いまとても会いたい人がいて、実はこのあとその人に会いに行こうと思っていると伝えます。その人とは、『標準語の村』の著者であり文学博士の北条常久《つねひさ》さんでした。北条さんは現在、秋田県生涯学習センターのシニアコーディネーターをされているということで、早速全員で生涯学習センターへ向かいます。

北条常久さんインタビュー

一同　よろしくお願いします。

北条さん（以下敬称略）　どうも。これ、日本経済新聞の記事（平成一八年一一月一〇日）のコピーだけ作っておいたのでどうぞ。

藤本　ありがとうございます。

北条　これの一番下のところだけ見てみて。「標準語は秋田でも大分普及したから、熊吉の教育の目的は達成されたかもしれない。昨年、私は仲間の研究者とともに西成瀬の標準語教育の歴史を調査し、その結果を今年インターネットで公開し、『標準語の村』という本をまとめた」その次だ。「人の話をしっかりと聞き、対話のなかで自分の意見をハッキリと伝える。他人とのコミュニケーションが疎遠になったと云われる現代だからこそ、熊吉の主張をもっと多くの人達に知ってもらいたい」と。秋田は学力日本一だよな。

藤本　はい、そうですよね。

北条　学力は書き言葉で測るでしょ。話し言葉って置いとかれてる。つまりいまの日本の学校教育っていうのは、話し言葉ができあがっている状態から始まってるから、君たちが「聞く」なんてことを学校教育で受けたことはないと思うんだよ。でも遠藤熊吉は違う。聞くっていうのから始めるんだよ。聞きとれない音は出せないんだ。音楽の大学の試験だって、聴音ってのがあるだろ。いい音が聴ければ、いい音が出てくる。だから、遠藤熊吉の授業って「はい」から始まる。秋田県人は、この「はい」の口が広がらないんだ。

矢吹　はい。

北条　ほら。

一同　ははは。

北条　だからそれは君が標準語で喋っているようにみえて標準語じゃないんだよ。口がこう、開かないんだよ。だから秋田の人たちの「はい」は「はい」じゃなくて「ふぁい」なんだよ。例えばあなたたちが英語の教育を受けたときは、ビデオとかテープを聞いたりして、「はい、発音しろ」と。だけど口の形で教えられてないでしょ。つまり教えるほうも肉体的に教えられてなければ、あなたたちに教えられない。遠藤熊吉は、「喉で『く』」とよく言ってたんですが、喉で「く」って言ってごらんなさいなって、肉体的に教えればできるんですよ。遠藤熊吉の頃の西成瀬小学校には、手洗いの横に鏡がずーっと貼ってあったんですよ。自分で口の形を確認できるように。

藤本　なるほど。

北条　これは『東北地方教科適用　発音と文法』という、明治三三年に出された師範学校の先生たちが学ぶ本。そのときからこんな感じで、口の形からいってる。口はこうなってるよと。こういう教育を受けたことはないと思う。口から勉強して、こう舌を出せ、舌をひっこめろというような教育を師範学校からね。日本の標準語教育っていうのは、すごく差があるんだけど、だいたい他の学校は、学校教育に慣れる二年間ぐらいは地元の言葉で喋っておいて、学校生活に慣れた頃にようやく、言葉を直しましょうっていうのが主流だったんだよ。でも遠藤熊吉は違う。小学校一年の段階で直す。遠藤熊吉の標準語教育が他と違うのは要するにバイリンガルなんだと。よく笑い話になるんだけど、「先生さようなら」と言って、学校の前の川を渡って家に帰ると、「あば、金けれ」（母ちゃんお小遣いちょうだい）ってなるんだよ。

一同　ははははは（笑）。

北条　標準語だけでは地元の人間に密着できねぇんだよ。あと、西成瀬にNHKのアナウンサーを連れて取材に行って、彼らが一番びっくりしたのは「おばあちゃん、こんにちは」って言うと「はい」って出てくる。ふつう秋田の田舎に行って「おばあちゃん、こんにちは」って言っても、「誰も居ねして、オレわがんね」って。家から出てこないもの、だいたい。でも西成瀬の人たちは「はーい」って出てくるからびっくりする。データ取ってあるから公開するけど、西成瀬の子どもは秋田弁が好きなんだよ。標準語ができると、方言の良さがわかると。

藤本　本にも掲載されていたデータですよね。あれは本当に驚きました。遠藤熊吉は標準語を教育せねばって思う一方で秋田弁や方言も重要であると、最初から思ってたんでしょうか？

北条　思ってましたね。っていうのは、遠藤熊吉の家に行くと熊吉の蔵書があるけど、それを見ると、フランスの言語学の本がいっぱいある。東大の先生が持ってそうな本がずらっと。それだけ勉強してる遠藤熊吉からすると標準語っていうのは、国が設定している人工語だから、生活の言葉が入ってないと考えてた。標準語のなかにもっと方言の意を組み込んだ言葉を作りたいっていう気持ちがあった。だって秋田弁っていうのは本当にいいもんね。秋田弁でしか表現できないことって、たくさんあるじゃない。例えば、「ぬぐだまってる」なんか。上手いよな〜。「あったまってる」でもないし（笑）。

藤本　味わいがありますよね〜。

北条　そうなんだよ。標準語にはないでしょ。標準語で消しちゃった部分を秋田弁で埋めていきたい。遠藤熊吉はそれを目指してたんですよ。だから、遠藤熊吉は大変な男だな。

藤本　そもそも標準語教育が始まったのはいつですか？

北条　標準語ができたのが明治だよな。昔は隠密《おんみつ》を防ぐためにわざわざ方言にしてたんだよ。モンタージュ写真なんてないんだから、間者《かんじゃ》が入ってきたときに言葉が違えば、すぐとっつかまえることができる。だから標準語化はしない。ところが明治になって、日本語を統一しなければならなくなった。でも統一できねぇんだよ。違いすぎて。だから標準語っていうのが法律的に生まれてくるわけ。秋田はそれをいち早く、現場に取り入れようと先生を教育した。戦争やるときに国中から兵隊を集めても、東北の人間が来ると「進めー！」を「シシメー」って言うんだよ。だから西成瀬の人は、戦争に行ってビンタ張られなかったのを学校にお礼に来たって。でも、秋田市の人が行くと「シシメー」ってなって、バーンとビンタされる。だから標準語化の波は、明治維新で一回、次に戦争で一回な。それでもう一回くるんだよ。日本が第二次世界大戦に負けたろ？　そうすると教育のスタイルが変わるわけ。いままでは学校の先生が言ったとおりに聞いてればよかった。俺、小学校一年生だったけど、グループ学習とか生徒会とか、そういう「話す」っていうのが教育の現場で重要になってしまった。そのために標準語教育指導っていうのが日本の教育のメインになっていくんだよ。遠藤熊吉のおかげで、そのときの標準語教育のリーダーが秋田県だった。それまではグループ学習なんてねぇんだから。弁論大会とかやらされたり。俺なんかお喋りだからすぐ代表だ。

一同　はははは。

北条　でまあ、今日まできた。今日まできて携帯を使うようになってから「話し言葉」が消えちまった。みんな携帯とパソコンだから。いま携帯に頼っているから、社会が全然違ってしまっているんだな。昔、俺が聖霊《せいれい》短大の教授だった頃は、学校終われば、学生がそのへんの喫茶店でお喋りしたりした。いま、ああいう姿ないからな。みんなまっすぐ帰って、家に着いてから携帯メールだから。表情を読まない。いまの若い人は相手の目見ないもんな。

藤本　なるほど。

北条　そうすると、中間管理職の方なんてもう、若い奴がなに考えてっかわかんねえと。彼らの言葉を若者が「聞く」というのがないんだって。遠藤熊吉の「聞く」という教育がいまや復活しなければなんないなと。戦後、グループ学習が生まれたときの次の段階に、現在来てるんだよ。「話し言葉」が大切だっていう時期に。

藤本　本当にそのとおりだ。

北条　俺のところにいろいろとデータがあるけど、秋田弁しか使えないことによって起こった事件っていうのは、いっぺえあるんだよな。自殺したとか。昔は切符を一枚一枚買ってただろ。それで窓口で「新宿」って言えねんだ。「すんずく」って。「ん？　ん？」って相手はわかってるんだよ。からかわれてんだ。だから切符を買わずに新宿まで歩いて行った、なんて話は山ほどある。だから遠藤熊吉が東京に行って西成瀬に帰ってみたらみんな卑屈になってる。これをなんとかしてやりたいって思うけども、お金をかけないって思うと言葉しかないんだよ。言葉しか。

遠藤熊吉《えんどうくまきち》

明治七年（一八七四）三月一日
秋田県平鹿郡旧西成瀬村（現横手市）安養寺《あんようじ》に地主の息子として生まれた。
明治一六年（一八八三）
荻袋《おぎのぶくろ》安養寺小学校（後の西成瀬小学校）に入学。
明治二六年（一八九三）
上京し、大八洲《おおやしま》学校および国語伝習所（いずれも同じ経営者が開設する私塾）で古典文学を学ぶ傍ら、あるべき標準語の追求・習得に努めた。
明治二八年（一八九五）
帰郷し、隣村の駒形《こまがた》小学校准訓導を経て、
明治二九年（一八九六）
母校西成瀬小学校で教鞭を執った。そこで遠藤が熱心に取り組んだのは、話し言葉の指導、標準語教育である。
昭和二七年（一九五二）八月三一日
遠藤の教育活動は、七八歳で没するまで、実に五八年の長きにわたるものであった。

北条　昔は家に帰ると、子どもは「まず、草刈」、「鶏のえさやり」とかって言われて。でもいまは、「まず勉強せ（しろ）」って。そうやって働くってことがなくなれば、生活の言葉がなくなり言葉は標準語にいく。そうするとたしかに学力は上がるかもしれないけれども、人間性を失うと。友だちがいなくなるとか、そういうことも起こってくる。言葉はやっぱり、生活とともに動くものだから。だから、遠藤熊吉も「言葉は社会だ、生活だ」ってことを盛んに繰り返してるの。遠藤熊吉の西成瀬小学校では喧嘩がなかったたっていうんだ。そこで教えてた先生が他の小学校に転勤したら、喧嘩ばっかしてるっていうんだけど。つまり標準語で喧嘩はできない。喧嘩するときはきっとね、自分の肉体から出てくるから訛ってんの。ところが学校のなかで、さっきも言ったけど肉体で標準語を発音してるわけでしょ。「はい」ってときは、「はい！」って胸を張るでしょ。だから、標準語で喧嘩はできないです。ハキハキと「僕は君をやっつけるぞ」なんて言ったたって（笑）。

一同　はははははは（笑）。

藤本　西成瀬に行かないとだなあ。

北条　連絡してあるの？　地域センターの季子《きし》さんが遠藤熊吉の最後の教え子だから。実際に教わった人だから。あの人なんか、大阪に就職して、大阪で奥さん口説いて結婚して連れてきたんだぞ。秋田弁では口説けないもんな。秋田の男が結婚できないのは秋田弁しか話せないからだな（笑）。

Photo: Ryumon Kagioka

第2章　Welcome！村

標準語の村へ

ユーモアたっぷりに標準語の村について教えてくれた北条さん。そのおおらかさに、なんだかとても心強い後ろ盾をいただいたような気になった僕たちは、その気持ちのままに西成瀬へと向かいます。秋田市内から車を走らせること一時間と少し。午後二時過ぎに西成瀬地域センター（旧西成瀬小学校）に到着。まさにのんびりな場所で、わずかに残った桜の花が美しく、風に舞い散る花びらを眺めていると、たくさんの児童で賑わっていたかつての情景を想像します。

校門を入ってすぐ左手には「一音を一語を」と彫られた碑が建っていました。これは「一音を教えたら一音を、一語を教えたら一語を生活させよ」という遠藤熊吉が残した言葉。北条さんもおっしゃっていた「言葉は生活とともに動くもの」という言葉が、僕の頭のなかをグルグルとまわりはじめます。

センターのなかへ入ると、センター長の季子和春さんが迎えてくださいました。季子さんは西成瀬小学校を昭和二九年に卒業、実際に熊吉先生の指導を受けた最後の世代の方です。案内いただくままに地域交流室へと入らせていただいた僕たちは早速、当時のお話を伺うことに。

季子和春さんインタビュー

藤本　季子さんは、熊吉先生から直接標準語教育を受けられたんですよね？

季子さん（以下敬称略）　そう。小学一年生のとき。遠藤熊吉は昭和一〇年には教員を退職してるんだけども、そこからも一年生だけに言語指導していたんです。で、私が五年生のときに亡くなっているから。

藤本　なるほど。じゃあ季子さんも一年生のときに遠藤熊吉さんに。

季子　そうそう。（両人差し指で口の端を広げて）「イー」ってやられた。

一同　え〜〜!?

季子　「イ」の発音が悪いから「イー」って。熊吉先生はね、近眼なんだな。目と紙をこうやって近づけても見えねんだ。だから自分（熊吉）の孫にだって、こうやって（イーと）指導しても、全然孫だって気づかないでいるんだもんな。それで当時誰も乗っていないドイツ製の自転車に乗って、とにかく姿勢が良くてね。でもそのとおり目が悪くて、学校へ行く途中のあぜ道を自転車で走って、水路へど～んぶり落ちちゃって。近眼も近眼。で、それを我々の先輩がたまたま見ておって、あの遠藤熊吉でさえも「ひゃっこい！」と訛ったって。

一同　あははは。

藤本　熊吉先生は、怖かったですか？

季子　いやいや、優しい。まず言葉遣いが優しいからね。怒鳴ったりとか、全然ないから。「いま君は、こういうことを話していたんだよね」と。ただ、困ったのは、これくらいの（手に収まるくらいの）小石を、ポケットにいっつも入れてるの。廊下で会って「あ、きみ、きみ」って言って「これなあに？」って。「イスィ」なんていうと、もう、始めっからやりなおし。

藤本　「イシ」って言えないといけないんだ。

季子　「きみきみ、これなに？」「イシ」って言えば、「きみ、合格」と。それを「イスィ」ってやっちゃうと、「はい、あいうえおを始めからやりましょう」って。一〇分以上かけて。だから、出会いたくなくてね。さらにね、ここには吉乃鉱山という栄えた場所があって。そこの職員のみなさんていうのは、全国から来るんで、そうすると吉乃鉱山の同級生は二〇人もいるんだけども。その頃ってのは、放課後も標準語なのよ。

藤本　へえ〜。
季子　だってそうして話さないと通用しないんだもん。
藤本　なるほど〜。鉱山のおかげで、当時この村は、標準語と方言の二つが通用していた環境だったってことですね。すごい。ちなみに鉱山はいまどうなっているんですか？
季子　鉱山がなくなって五〇〜六〇年近くなる。この集落、いまは二〇〇人ほどしかいないんだけども、当時は九〇〇〇人も。

――事務室となりの遠藤熊吉翁資料館へ移動――

藤本　季子さん、あそこにある、『ことば先生年表』って資料、あれはどういうことなんですか？
季子　あれね、毎週、子ども同士で言葉の勉強会やるんですよ。こうして、（二人向かいあって）イスに座って、みんなの前で二人の対話をするんです。「〇〇さんは昨日、学校から帰ってなにをしましたか？」とか、「こんな遊びをして、おもしろかったですよ」というような話をさせるんです。
藤本　いまもやっているんですか？
季子　いまはやっていない。

藤本　それは、熊吉さんがいらっしゃったときのことですか？

季子　いえ、いなくなってから、西成瀬小が閉校する一四年前まで。読み、発音、朗読、それから対話、さまざまな項目があって、それをクリアした者が、六年生くらいになると「ことば先生」のバッジをもらえる。

藤本　「ことば先生」のバッジがもらえる？

季子　そうそう。あるよ。これこれ。

藤本　わ！　「ことば先生」って書いてある！

一同　かわいい〜〜〜！

藤本　これ、欲しい!!!　相当かわいいよ。つけたい！

季子　五年生でもらえる人と、六年生になってやっともらえる人とかいてね。最終的には、六年生になればもらえるんだけどもね。このバッジをもらう資格を得た者は、一、二年生を指導するんですよ。作文と、発音でしょ、朗読と、対話と、あと弁論大会のように、自分の意見を言いながらみんなの前でね、話す。そういうのを何回も繰り返すんですよ。それを合格した人がもらえるの。

藤本　あっ！　ことば先生免許状だ。

季子　そうそう。

藤本　「あなたは、ことばを正しく美しくしていく力を持っています。よって、免許状を与えます。この役目を守って、みんなのことばを良くすることに頑張ってください」

季子 遠藤熊吉が亡くなってから、こういう工夫をしながら。

藤本 さっき、増田小学校の前を通ったんですけど、いろんな小学校が統合されたんですよね。

季子 そう、四つ。

藤本 あそこでは、やっていないんですか？

季子 統合になって、二、三年間だけはやったんだよ。一年生の子ども指導に。でも、う〜ん。「いまこの時代に、ことば教育じゃないだろう」っていう意見があって。でも我々は、この伝統はただ「標準語を話せる」ってことだけではないと思っていて。……明治の三三年から、本格的に日本全体に標準語を広げようとするんだけども、どこも失敗したんだよな。方言を否定して、徹底して標準語教育をしようとしたから。ここの場合、遠藤熊吉は、方言を大切にしながら、尊重しながら使い分けできるようにっていう指導があったからこそ長続きした。いまはどこへ行っても、標準語で話ができる時代だから、いまさらことば教育って疑問に思えるかもしれないけど、遠藤熊吉は、ただ単に都会に行ったときに困らないようにってだけでなくて、標準語を使えることによって、さまざまな文化を吸収できるし、お互いの意見を尊重しながら自分の主張もできる。そういう幅広い教育目標があったんじゃないかなって。

藤本　本当に。そのとおりだと思います。あの、まだこの周辺に、他にも教え子の方いらっしゃいますよね？
季子　ええ。
藤本　どなたか後日でも、お会いできそうな方おられませんか？　熊吉さんに直接じゃなくても、そういうことば教育の指導を受けた方で、会える方を。
季子　地域の人たちね……。田んぼのほうが忙しくなってるからな。時間は？
藤本　僕たちは何時でもいいです。合わせて来ますので。一人でも二人でも。
季子　まあ、やってみましょう。
一同　お願いします！

お墓参りへ

季子さんと別れた僕たちは、ここから歩いてすぐだという熊吉さんのお墓へと向かうことにします。歩き出した僕たちに、すぐさま一人のおじさんが話しかけてきてくれました。

おじさん　どこから来たの？

藤本　だいたいが秋田市内で、あとは兵庫県とか東京とか。

おじさん　兵庫県⁉　それはご苦労さんです。

藤本　お父さんは西成瀬小学校出身ですか？

おじさん　はい。

藤本　遠藤熊吉先生の。

おじさん　熊吉先生からいくらか習いました。月曜の朝礼のときに標準語の発音の方法を習いました。

藤本　お父さんおいくつですか？

おじさん　私？　いや～若くてね。もうすぐ八〇歳ですわ。

一同　えぇっ⁉　若っ！

おじさん　いやいやいや。

藤本　やっぱり本当に、言葉がお綺麗ですね。

おじさん　なんていうのかな。この地方から、都会に行った人よりは若干良いと思います。そういう面では、いくらか楽でしたね。私は、大学が宇都宮なんですよ。農学部で。だから宇都宮に四年間お世話になりました。やっぱり、宮城、福島の友だちの方言は私よりはひどかったです。

一同　ふふふふ。

いきなり話しかけてくれた七九歳の岩谷権内《ごんない》さん。その気さくなお人柄に驚いていると、向こうのほうで、今度はカメラマンの陽馬くん（船橋陽馬）が、なにやら二人のお母さんと話しています。

佐藤由紀子さんと、ご近所の佐藤ヨシさん

ヨシさん（以下敬称略） 私たちはお嫁に来たから……。

陽馬 どごがら嫁さ来たっすか？

ヨシ 稲川から……こっちの人は増田から……。

一同 ほ〜。

ヨシ あや（あら）、みなさん若い。若い方と話っこしたい。

一同 あはははは。

ヨシ 私たちの子どもがたはよ、言葉が綺麗でいろいろな賞状をもらったりして。

藤本 「ことば先生」かな？

由紀子さん（以下敬称略） ええ。

藤本 持ってます？

由紀子　私は、ここの学校の出身じゃないので、私の子どもたちは。
藤本　持ってました？
由紀子　ええ。
藤本　お子さんはいまは？
由紀子　いまはそれぞれ仕事で……。娘は、そこのセンターの管理をしております。
藤本　あら！　本当ですか！　じゃあいまいらっしゃったかな？　僕たち、「ことば先生」に会いたくって。娘さんは、まだバッジとか賞状とか持ってます？
由紀子　捨ててはいないと思うんだけど……。
ヨシ　先生がたが大変言葉を綺麗になさって、子どもたちは綺麗ですよ。都会に行って苦労さね（しない）って言ってます。

「WELCOME」

お墓までは数百メートルと、歩いてすぐだというのになかなか辿り着けないのんびりチーム。今度は、白樺の木が印象的な一風変わったお家を発見。そこでちょうど庭作業をされているおじさんを発見して声をかけてみます。

見田《みた》和光《わこう》さん

藤本　こんにちは。白樺の木ですか？　珍しいですね。
見田さん（以下敬称略）　これは自生でなく植えたから。
藤本　綺麗なお庭ですね。
見田　山の草だけですよ。
藤本　遠藤熊吉さんについて知りたくてやってきたんです。西成瀬小学校の卒業生ですか？
見田　そうですよ。
藤本　「ことば先生」の賞状とかバッジって……。
見田　そんなのあったね。
藤本　お子さんとか、「ことば先生」のバッジってもらってきませんでしたか？
見田　たいがいもらうからね。
藤本　遠藤先生との、直接の思い出はあります？
見田　いや、ないですね。もう少し高齢の人でないと……。
藤本　そうですよね。
見田　俺もちょっと高齢だけども。
藤本　いやいや。でも、標準語教育はありました？

見田　あったよ。最近は新聞に載ったりしてね。どっから来たの？
藤本　半分は秋田市内で、他は東京だったり僕は兵庫県だったり。結構バラバラのチームで。
見田　北条先生には？
藤本　北条先生にも今朝会ってきました。
見田　あそこに見える、あの集落が遠藤先生の生家があった……。
藤本　安養寺ですね。いまからお墓参りをしようと思って。
見田　立派な墓ありますよ。ぜひ。

見田さんのお家の勝手口に「WELCOME」と書かれた手作りプレートを見つけた僕は、そこに、この地域のみなさんの象徴を見たような気になりました。のんびりチームは、取材現場にできるだけ編集部全員が参加することを心がけています。それゆえ毎回一〇名ほどの大人数で歩いていると、だいたいは警戒されてしまって、恥ずかしがりやの秋田の人たちが向こうから話しかけてくれることなんてありません。それなのにこんなにオープンに話を聞かせてくれる西成瀬の人たちは、午前中に北条さんが話してくれたとおり、明らかに他とは違っていました。

突然の出来事

ようやく遠藤熊吉先生のお墓に到着。お供えの用意をしていなかった僕たちは、周辺に生えていたタンポポを摘んでお参りをします。すると、さっき話を聞かせてくれた見田さんがやってきました。

見田　これ、持ってけ。
藤本　え？　ありがとうございます……。あ、これ！
見田　熊吉先生の本、複数あるからよ。
藤本　いいんですか!?　ありがとうございます！
見田　いやいや、なんも。

突然の出来事に呆然としてしまうのんびりチーム。見田さんがわざわざ探して持ってきてくれたのは、昭和四四年に遠藤熊吉先生顕彰会が発行した遠藤熊吉著『言語教育の理論及び実際』という本でした。熊吉さんの考え方がまとめられた貴重な一冊を、見ず知らずの僕たちにくださる見田さんのウエルカムさに、僕たちはいよいよ感動したのでした。

安養寺集落

かつて熊吉さんの生家があった場所を確認するべく、さらに安養寺集落を歩いて聞き込みをしていると、「そこの畑になってるところですよ」と、ある女性が教えてくださいました。その方は、三月まで保育園の先生をされていたという遠藤幸子《さちこ》さん。なんと熊吉さんのご親戚の方でした。まさに秋田美人な幸子さんは、言葉もとても美しく、まるでアナウンサーのよう。その幸子さんとの出会いをきっかけに、僕たちはこのあとも続々と地域の人たちに出会うことに。ここでそのすべてを書ききれませんが、例えば、遠藤家の家系図（当然熊吉さんの名前も！）を見せてくださった遠藤アサさんというおばあちゃん。子どもの頃にもらった、「ことば先生」のバッジを大切に持っていた佐々木恵子さん。熊吉さんのご親戚で小学校の頃に標準語教育を受けていた遠藤寿一《じゅういち》さんなど。みなさんすべてが、まさにウェルカムな人たちで、僕たちはもはや標準語や方言ということを超えて、この地域に受け継がれている精神をこそ伝えなければいけないような気がしてきました。

第3章　なんも先生

五月九日

特集取材二日目の朝八時、編集部に集合した僕たちは、いま一度、秋田弁と標準語について意見を交わします。そもそも秋田弁を豊かな郷土の言葉と、ポジティブに捉えていた僕たちですが、それは、標準語が当たり前のいまだからこそ芽生える思いなのだということに気づかされました。特にのんびり秋田メンバーのほとんどは、進学や就職を機に東京などの都会に出て、標準語を一回体に入れて再び秋田に帰ってきています。そんな人たちが方言の良さに気づくのは必然でした。つまり、遠藤熊吉の標準語教育において大切なのは、標準語と方言がバイリンガルに在るということです。そのおかげで、西成瀬の人たちは秋田弁に誇りを持ちながら、どんどんと社会に出て行くことができたのだと思います。しかし、昨日の体験で驚いたことは、そのことだけではありませんでした。僕たちにとってなにより衝撃だったのは、西成瀬の人たちの積極性のスタンスが、自らの意見を主張することよりも、相手の話を聞くという部分にあることでした。

ここにこそ、遠藤熊吉の標準語教育の大きなポイントがあるのだと思います。とにかく人の話をよく聞くことから自らの行動を考え、そして動いてくれる。思い返せば思い返すほど、西成瀬で出会ったみなさんは、そんなおもてなし力に満ちあふれていました。

なんも

さらに僕たちは、郷土の言葉と標準語のバイリンガルな在り方に意味があるとするならば、いまや逆に方言をこそ学ぶべきではないか、とも感じていました。そこで、秋田メンバーそれぞれに自分が好きな秋田弁について聞いてみるのですが、これがなかなか出てきません。しかし自分たちの暮らしに近いものほど、その良さに気づけないのは当然のこと。そこで僕はよそ者の目線から、とても良いなあと感じている秋田の言葉について告白してみます。それは「なんも」という言葉でした。

秋田の友人たちは、「なんも」という言葉を多用するなぁと、僕は常々思っていました。この「なんも」という言葉は、ときに「なんもなんもなんも」と繰り返されたり、「なんもだ〜」といったふうに使われたりするのですが、つまりは「なんも＝何も」ということで、特に「それくらいどうってことないよ」という意味合いで使われることが多い言葉です。例えば僕が「この間はハタハタ送ってくれてありがとう。ほんと美味しかったよ〜」なんて言うと、友人は「なんもだ」と返します。空港まで車で迎えにきてくれた友人に「わざわざごめんね」と言うと、「なんもなんも」と。秋田人特有の奥ゆかしさを感じるこの言葉が僕は大好きでした。そしてこの「なんも」という言葉の良いところは、相手の「ありがとう」という気持ちがあってこそ出てくる言葉だということです。そこには、方言の味わい深さだけでなく、対話することの大切さと、おもてなしの精神、すなわち遠藤熊吉が標準語教育の先で伝えたかったもののすべてがつまっているのではないかと、僕は思いました。

なんも先生

そのことを秋田チームに伝えると、みんなキョトンとした表情をしていましたが、少しずつその意味を理解してくれたようで、徐々に秋田メンバーも「なんも」という言葉の良さについて口々に語りはじめました。そこで僕はさらに提案します。遠藤熊吉がしきりに繰り返した「言葉を生活させよ」という教え。それに倣うならば、いまこそ僕たちは「ことば先生」という言葉自体を生活させなければいけません。いまを生きる僕たちが考える「ことば先生」とはどういうことか？　じゃあ昨日出会った西成瀬の人たちはいったい何先生なのか？　あらためてみんなで議論を重ね、出てきたものは、「なんも先生」という言葉でした。

バッジづくり

標準語を教育する「ことば先生」は、いまの時代に必要ないかもしれません。けれど秋田人特有の奥ゆかしさと、その奥にあるおもてなし精神を伝える「なんも先生」は必要なはず！　そう気持ちを一つにしたのんびりチームは、昨日見た「ことば先生バッジ」に倣って、早速「なんも先生バッジ」づくりにとりかかります。文具店で買ったプラ板を使って、たまたま僕が鞄につけていたバッジを参考に、幾度かの失敗を繰り返しながら、バッジを完成させていくのんびりチーム。デザインする人、文字を書く人、プラ板を切る人、焼く人、色をぬる人、乾かす人。もはやのんびり恒例となった突然の作業大会に、自然と役割分担していくのんびりメンバーのチームワークは手前味噌ながらなかなかのもの。

そんななか、のんびり編集チーフのヤブちゃん（矢吹史子）のもとに、西成瀬地域センターの季子さんから電話が。明日の午後一時半、熊吉先生に直接教えを受けたという年配の方と、その後のことば教育を受けた若い世代（三〇～四〇代）の方五人がセンターに集まってくれるとのこと。明日みなさんからお話を聞いたあと、最後に「なんも先生バッジをお渡ししよう！」といよいよ盛り上がるのんびりチーム。しかし、実のところ僕は不安でした。

はなゑちゃん

熊吉先生が標準語教育の先で伝えたかったであろう精神の象徴が、「なんも」という言葉にあるかもしれない。僕たちのこの思いつきを西成瀬の人たちは理解してくれるだろうか？バッジと一緒に渡す「なんも先生免許状」の文章を考えながら僕は、正直不安でいっぱいでした。そこで僕は、今夜ある女性に話を聞くことを決めます。その女性の名は、加藤はなゑ。現在は、秋田地域振興局・農業振興普及課というところで、秋田県の農業の根幹を支える大切な仕事をしています。そんな彼女と最初に出会ったのは、彼女が秋田県のうまいものを全国にＰＲする仕事をしていた前職の頃。まだ三〇代だというのに、強烈な秋田訛りで秋田の食材について語るはなゑちゃんに、僕は秋田という土地の豊かさを思い知らされた気がしました。今回の特集を思いついた原点に彼女の存在があったことをここで告白します。

さらに言うならば、僕が「なんも」という言葉に魅力を感じたのは、彼女が言う「なんも」に惹かれたからと言っても過言ではありません。自分のなかの迷いを解消するためには、どちらに転ぶにしても、はなゑちゃんに話を聞く以外にはないと思いました。しかしその夜、県庁の近くにある居酒屋に来てくれたはなゑちゃんとの会話は、僕の迷いと不安を一気に吹き飛ばしてくれるどころか、今回の特集において僕たちが伝えたかったことのすべてがつまっているのでは？　とさえ思いました。ぜひ読んでみてください。

加藤はなゑさんインタビュー

藤本　はなゑちゃん、急にごめんね。ありがとう。

はなゑちゃん（以下敬称略）　いやぁ、なんもなんも。たいしたことじゃぁねぇっすよ。

藤本　いまは、農家さんをまわってるの？

はなゑ　んだんすよ、現場に戻った。果樹園をまわって、調査したり。

藤本　なにを調査するの？

はなゑ　まず「あ〜、花咲いできたっすな〜」「いや〜、花摘み、忙しっすべ〜」って言って。「んだ〜。まず、おめだぢど（お前たちと）喋ってる暇ね（ない）〜」って。

藤本　って言われるんだ。

はなゑ　言う人はいねけど……聞こえるよ！

藤本　はなゑちゃんは技師さんなの？

はなゑ　そう。農業職採用なんですよ。採用枠が、行政職と専門職ってのがあって、私は専門職の技術採用。稲作・野菜・果樹・花・畜産って、まずだいたい五つに分かれていて、入ってから「あなたは○○担当だ」って言われるわげですよ。で、私、千葉大学で落花生をやってきたんですよ。まぁ、それは秋田県では使えないですよね。まぁそれは良いすけど、作物研究室だったんで、「稲作か野菜だな～」って勝手に思ってたら、「あなた果樹担当だから」って。「えぇ～！　果樹がぁ～！」ってなって。なんでがっていうど、大学のどぎに、果樹が一番こう、言っちゃ悪いすけど手抜いだっていうか。

一同　はははははは！

藤本　そもそも千葉の大学に行ってるときって、言葉のことでは困らなかった？

はなゑ　あ、言葉？　言葉は恥ずがしくて。私は訛ってないと思ってでだんだ。でも四月に大学の入学説明会に行って初めて、自分が訛ってるごどがわがるわげですよ。

藤本　うん。うん。

はなゑ　で、恥ずがしって思って、三ヵ月間喋らねがった。この私が。

一同　（笑）。

はなゑ　それで朝はＮＨＫですよ。ニュースを聞く聞く聞く聞く。友だちが喋る会話も聞く聞く聞く。……って三ヵ月我慢したら、訛りが出なぐなったんですよ。

藤本　へぇ～。ずっと聞くことで？

はなゑ　そう。ずっと聞いて、頭のながが、ふぁんって切り替わって、訛りが出なぐなったわげだ。ニュースの人が言うごどに対して同じごどを同じぐ繰り返すわげ。その、イントネーションの違いを、朝のニュース、夜のニュース、ずーっと聞いて、三ヵ月それやったら、もう訛らなぐなった。

一同　へーーー。

はなゑ　言葉が違うぐなったっていうが、声のトーンも違うぐなったど思うんですよ。ちょっと上がって、たぶん言い方もキツがったんだろうなぁ。あっさりしているっていうが。まぁ、東京の人のような？　って言えば変だなぁ、なんて言えばいいのがなぁ。

藤本　まぁ、こんなもっちゃりはしてないわな。いま標準語話せる？

はなゑ　でぎない！　秋田に帰ってきて、今度農家の人だぢど付き合うようになったらそれしか出ないわげですよ。

藤本　あっさりしたほうしか？

はなゑ　あっさりしたほうしか。そうしたら「あれ、なんだこれ（この人）？　こんた洒落だことば使って」って。今度は、それがまた、コミュニケーションの邪魔になると思ったわげですよ。それからまた三ヵ月間喋らないで。今度は農家の人の言葉を三ヵ月聞いてたら、自分が高校にいるどぎ以上に訛ってきたの。よりネイティブに。

藤本　吸収力すごいなぁ。

はなゑ　喋り方どが、言い回し、どういう単語使うどが、どういうふうに反応するのが、っていうのをじぃーーーっとこう、観察して、そうして三ヵ月我慢したら、親より訛った。

一同　あはははは。

はなゑ　親より上の年代の人が多いじゃないですか、農家って。なので、そういう世代の言葉を聞ぐっていうこどは、親よりは当然訛るよなぁって。

藤本　たしかに。でもそこからコミュニケーションとるのはまた大変だよね。

はなゑ　おどご（男）の先輩が多いすけど、タバコ吸う人だぢ羨ましいですよ。

藤本　あー。タバコミュニケーションだ。

はなゑ　そう。まずは、なにも言わねくても果樹園行ったら、「あ～、まず、（タバコ吸う）……いやぁ～、はがえってるすか？」って。わがりますか？

藤本　わかんない。

はなゑ　作業は順調ですか？　はかどってますか？　ってごどです。で、農家は「……ん～、まずな」って言うわげですよ。「まずな」っていうのは、イエスでも、ノーでも

はなゑ&秋田メンバー　ない。

藤本　濁すんだ。

はなゑ　で、先輩はそごで、また吸って、農家の人もまた吸って。「……（タバコ吸う）……」って、なにも喋らねぇ（笑）。こっちは、「あれ～!?　あれ～!?」って。「次は？」って。

でも、その間《ま》が大事なんですよね。

藤本　間《ま》がね。

はなゑ　「……（吸う）……はぁ～（煙を出す）」ってやって。なんっとも言えない、間《ま》。で、どういうふうな話をするのがなってお互いが思うじゃないですか。それで、ぽつらぽつらと喋っていくわげですよ。それで、畑の木を見ながら「お～……だいぶ……芽ぇ開いできだっすな～」って。

一同　はははは。

はなゑ　最初は「んだんだ～、まず、去年より早いか～？　遅いか～？」って聞かれる。せば、私だぢはいろんな花芽調査で、発芽して木がどうなってって、一〇年分の平均の値と、前年がどうだったがっていうのを把握しているんで「いや～、いづもの年より一日二日はぇ（早い）っすや～」って言えば「あ、んだが（そうか）！」って言ってくるわげですよ。「いや～、俺もそう思ったっけ～！」どがって。「んだっすよ、ちょっとこれがら忙しぐなるっすよね～」って話せば、「んだ～」って。「いや～、もうじき、○○の準備しねばいげねくてな～」って。こうなれば、だいたいどの時期にどういう作業が入るのがってわがる。こういう話を何回か何人かにすればだいたいその集落が、どういう作業で動いていぐのがっていうのが、わがるわげですよ。それで、確認していくわげ。だって、農家の人が、「○月○日、なにしましたか？」って、そんな話さ、いぢいぢ付き合ってられないがらっすよ。

藤本　したら、「まずな」から始めるよね。そりゃあ。

はなゑ　「まずな」っていうのは、秋田県人の特徴っていえば、特徴なんですよ。はっきり言わね（言わない）がら。

藤本　先送りするからね。

はなゑ　人と人との繋がりは、バシッと切るごどもでぎないし、「まずな」って言うごどで、そごらへんを、こう……繋ぎ止めつつ……。

藤本　実は、秋田弁っていろいろあるけど、一番好きな秋田弁ってなにかな〜って考えたの。

はなゑ　うんうん。

藤本　僕は神戸から来てるから、なにかとみんな良くしてくれるでしょ。それで有り難いなぁと思って。「ありがとうございます」って言ったら「なんもなんも」って。

はなゑ　うんうんうん。

藤本　この「なんもなんも」って言葉、すごいいいなと思ったわけ。だけど、秋田弁を使ったポスターとか、そういうものに「なんも」って出てるの見たことない。

はなゑ　たしかに。出でこね〜な。

藤本　でしょ。でも、いい言葉でしょ？

はなゑ　うんうん。「なんもなんも」は、相手に「気にするな」って。

藤本　「たいしたことない」「かまへんかまへん」っていう。

はなゑ　「なもなもなも！」って。「ま〜、なもなも！　これ持ってげ！」って。

藤本　相手方の気持ちをおもんばかってる感じがする。

はなゑ　相手がいるがら「なんもなんも」があるんだやな。

藤本　これさらに言うとさ、「ごめんね」って言ってくれたり「ありがとう」って言ってくれる、相手もいいんだよね。

はなゑ　そう！　嬉しい。そう言ってけだ（言ってくれた）、気にしてけだんだって。「あー、なんもなんも！」って。

藤本　その関係が、いいんだよね。

はなゑ　そうだ。いい言葉だ。どうしたらいいんだ。

一同　!?

はなゑ　こんないい言葉を、どうしたらいいんだ。

藤本　どうしたらいいと思う？

はなゑ　んだな〜……。まず飲むが。

一同　わはははは。

はなゑ　でも、他の県でもそういう言葉、あるっすべ？

藤本　うん。でも、微妙に違うと思うなぁ。関西だと「かまへん（構わない）」っていうのは、なんとなくそういうことに近いかなぁと思うけど。「なんもなんも」っていうニュアンスとは若干違うというか、「かまへん」っていうのはさ、こっちが若干上の立場。「いや、かまへんかまへん」とは言われへん。

はなゑ　うーん。なるほど。

藤本　先輩がさ「ありがとうな～」って言ってくれて、「いや、かまへんかまへん」とは言われへん。

はなゑ　んだな！　それはたしかに。「なんも」は上の人にも言うがらな。「あ～、なんもだすなんもだす」って。まぁ、これは付くけどね。（手でなんもなんも、の動き）。動作なしで「なんもっす！　なんもっす！」ては言わねぇわけだすよ。（動作つきで）「いや～、なんもっす！　なんもっす！」って言うっすべ。やっぱり、恥ずがしくてこうなるのがな。

矢吹　「私のようなものが！」って。

藤本　へりくだるよねぇ。

はなゑ　「なもなもなもなもなも！」って必ずこう、（手を扇のように振る）やる。近所のおばちゃんが、ワラビ採ったどがね。持って来たどぎに、「いや～、なんとこんたにもらって申し訳ねがったごど～（いや～、こんなにもらって申し訳ない！）」って言えば、おばちゃんだぢが、「いや～、なんもだ！　なんもだ！」。

藤本　でも、こんなみんな（秋田チーム）も、はなゑちゃんいなかったらあんまり秋田弁が出てこない。

はなゑ　ほー。せば、ヒアリング頑張らねばねな。

藤本　はなゑちゃん、先生になれるよ。はなゑちゃんのこと「なんも先生」って呼ぼう。
一同　なんも先生だ！
はなゑ　そんなー。なんもだ。
藤本　実は、ちょっと、これを……なんも先生免許状。第一号！
はなゑ　まじぃ!?
藤本　加藤はなゑ殿。
はなゑ　うれしっ！
藤本　「あなたは、標準語と方言をうまく使って対話することで、相手の気持ちをくみとり、人を喜ばせる力を持っています。よって、免許状を与えます」！
はなゑ　いや、申し訳ね～！
一同　（笑）。なんもなんもー！
藤本　ちょっと、これ開けてみて。
はなゑ　おぉー（なんもバッジを手に）うわ！　かっちょえ！　すげ。すげぐねっすか？
藤本　いがった。
はなゑ　だって、なんか、認めでもらえだ感じがして。やっぱり、自分でもたまにこんなに訛ってでいんだべがって思うけども。まれにありますよ。ときどき。やっぱりちゃんと喋ったほういいんだべがって。でも、これが自分の言葉だがらなあ。

最終章　なんもなんも村

五月一〇日

朝九時半に秋田市内を出た僕たちは、一一時半に「道の駅十文字《じゅうもんじ》」に到着。秋田県横手市十文字は、かつて羽州街道《うしゅうかいどう》と増田街道が十文字に交わる辻だったことから、増田十文字と呼ばれたところ。十文字ラーメンと呼ばれる、煮干や鰹節などを出汁に使った、あっさり醤油味のラーメンが名物ということで、まずは腹ごしらえと、十文字ラーメンのルーツと言われる「マルタマ食堂」で昼食をとることに。

透きとおったスープと、なかにたゆたう縮れ麺がなんとも美しいラーメンを、一気に平らげて店を出ようとしたそのときのこと、「なんと!」という言葉とともに、いきなり僕の腕を掴んできたのは、まさかの、はなゑちゃん!「なんもなんも」ではなく「なんでなんで?」と、のんびりチーム大興奮。これから県南に住む親戚に会いにいくというはなゑちゃん、同じくまずは腹ごしらえと「マルタマ食堂」に入ったとのこと。いやぁ～驚きました。

西成瀬小学校ＯＢ・ＯＧのみなさん

まさかの「なんも先生」との出会いを経て、少し早めに西成瀬地域センターに到着した僕たちを、一昨日と同じく季子さんが出迎えてくれます。そして約束の午後一時半、西成瀬小学校ＯＢ・ＯＧのみなさんが続々やってきてくださいました。集まってくださったみなさんは以下のとおり。早速お話を伺います。

佐藤榮子さん（昭和二四年卒）
見田忠夫さん（昭和二六年卒）
季子和春さん（昭和二九年卒／西成瀬地域センター長）
藤原秀雄さん（昭和五二年卒）
佐々木恵子さん（平成三年卒）
佐藤瑞穂さん（平成八年卒／西成瀬地域センター事務）

藤本　みなさん、お忙しいところありがとうございます。自己紹介をお願いしてもよいですか？

佐々木さん（以下敬称略）　はい、佐々木恵子です。熊吉先生の出身集落なんですけども、いまはもう先生の家がないので、先生のことはあまり詳しくわからないんですけども、勉強会などでいろいろ教えていただいてます。訛りは、すごい出ます（笑）。

藤原さん（以下敬称略）　昭和五二年卒業。現在四九歳。一歳の孫がいます。小学校の頃は標準語を話していて、高校を出てから東京へ行ってましたんで、（標準語は）ほどほど話したんですけども、またこっち（秋田）にどっぷり浸かってからは、ほとんど秋田弁しか（笑）。標準語と秋田弁と半分、二カ国語みたいな感じです。よろしくお願いします。

季子さん（以下敬称略）　ここのセンター長をしております、季子和春といいます。昭和二九年卒業。五年生のときに遠藤熊吉が亡くなってるんですよ。だからそれまで、短い期間ですけども直接遠藤熊吉と触れた経験があるということで。この標準語教育のことは歴史的な遺産として残っていますけども、どうしても無形文化財なんですよ。言葉だから。だから、どうしても風化しやすい。そして、地元のみなさんは、あまり意識をしていない。

藤本　そういうものですよね。

季子　ここの子どもたちも、どこの学校でもことば教育ってのは、やってるもんだという感覚で。あの、私は横手高校卒なんだけども、しょっちゅう教科書を読まされたんですよ。なんで俺ばっかり当てられるんだって思ってたら、先生が「お前、西成瀬だろ」ってね。

一同　へぇ～!!

季子　「お前、西成瀬だろ」って読ませられることで、西成瀬だけがこういう教育しておったんだなっていうのに初めて気づいて。いまは、まわりの方にいろいろ評価していただいてるってことで、今回も非常に有り難いなと思っています。まず、よろしくお願いします。

見田さん（以下敬称略）　見田忠夫です。七七歳になります。東京から戻って来て約五〇年経ってます。昭和二六年卒業です。一番の思い出といいますか、高校の修学旅行の汽車のなかで、喧嘩が始まったんですよ。他の高校の、忘れもしない北海道の美唄《びばい》工業高校（二〇一三年閉校）。美唄工業といいますと、その当時はラグビーがものすごく強い。で、喧嘩が始まって、友だちが僕を呼びに来て「なんだ？」って言ったら「話が通じない」って言われて。私は通訳代わりに。

矢吹　喧嘩の通訳。

見田　それで、言葉っていうのはこういうもんかなぁと。遠藤先生とは、おそらく二回くらいしかお話をしたことがないと思います。いまは農家の百姓をやってまして毎日医者通いみたいな。

一同　いやいやいや。

佐藤さん（以下敬称略）　佐藤榮子です。私は、昭和二四年に小学校を卒業で、ですから九月で七八歳です。昭和四〇年に学校給食が始まったときに、ここ（西成瀬小学校）に勤めさせてもらったんです。そのときに、「ことば先生」っていうのをやってましたんで……。

藤原　我々にとっては、給食のおばさん。

佐藤（榮）　（笑）。それで、「あぁ、ことばの教育、頑張っているな」と感じましたし、私もすぐ愛知県のほうに就職したんですよ。そのときに、言葉に不自由したってことはないですね。私は、一回だけ熊吉先生と触れ合ったことがあるんですよね。教室に来て、姿勢から正されたんです。姿勢良くして、発音しなければ発音できないということで。だから喉で「う」だの「く」だのって、一音一音やりましたけどね。いまも、東京のほうから電話がくれば言葉が変わるんですよ。やっぱりこっちにいれば「んだすか」と言うけども、「そうですね」って変わってくるんですね。相手によって使い分けしております。ふふふ。

藤本　すごい。

佐藤さん（以下敬称略）　佐藤瑞穂と申します。ここの施設の職員をさせていただいてます。ここの小学校の出身で、ことば教育を受けたことになるんでしょうけど、ちょっと当時の記憶があまりなくて、でもお話聞くうちに思い出せたらいいなと思っています。よろしくお願いします。

藤本　みなさんいまは、僕たちに合わせて標準語で喋ってくれてるんですよね。

みなさん　（うなずく）。

藤原　とりあえずは。

一同　はははははは。

藤原　やっぱり電話って話がありましたけども、私は仕事の取引先が東京・仙台とかなんで、電話取るとやっぱり急にクッとなるんですよ。

藤本　なるほど。やっぱり両方喋れるってのがおもしろいですよね〜。しかもみなさん、すごく綺麗な言葉で。正直僕たち、秋田全県をいろいろ取材してまわっていると、特にご年配の方の話はもう半分もわからないというか……。

矢吹　県外メンバー、みんなポカーンとして。

藤本　ただニコニコしてるしかないっていう。

一同　（笑）。

藤本　「ことば先生」っていうのは、実際どういうものだったんですか？

藤原　我々の頃は、先生が何人かいて読書させたり、あと昔は歌みたいなものもあったんですよ。「朝日があかるい　あいうえお」「垣根にカラスが　かきくけこ」とか。あといろいろ作文読んだりしたかな？　最近の若い人たちは、また違うみたい。

季子　対話式だべ。集団のなかで発表するとか。

佐々木　対話は、え〜と試験のとき？

季子　試験。あったべ。

藤原　児童同士で、自由に話をさせて。

藤本　フリーセッション！

藤原　あと、「あー！」って声出すときに、「お腹触ってみれ」って言って。「腹へこんでね

Photo: Ryumon Kagioka

ば（へこんでなければ）嘘だよ」と。

藤本　子どもだから余計に、知識というより体で覚えさせるほうがいいってことだったんでしょうね。実は、一昨日初めて西成瀬に来たときに、熊吉先生のお墓の場所を教えてもらって、ここに車を置いて歩いていったんです。そしたらまず最初は、すぐそこにお住まいの岩谷権内さんが、「どこから来たの？」って声をかけてきてくれたわけです。そしたら今度は、白樺を植えてる不思議なお家の見田和光さんに出会ったんです。あ、その前に瑞穂さんのお母さんにも会いました。で、お墓参りして、安養寺のほうへ行こうかなって思ってるときに和光さんが、いつのまにか僕らのそばまで来てくれて。熊吉先生の本を「これ持ってけ」って。

一同　（笑）。

藤本　ここからお墓までたった数百メートルの間なのに、僕たち、この村はやっぱり変だって思いました（笑）。僕ら、いつもこの大人数で取材をするんですけど、どこの集団だかわからない人たちが、立派なカメラ何人も持ってね。いきなり自分たちの集落にやってきたら、ふつうは「なんだ？」って不審がるものですよね。もしくは見て見ぬふりするとか（笑）。

一同　ははは。

藤本　でもそれがふつうなんですよ。だけどこの町の人たちのウェルカム加減はいったい何なんだろうって思って。それで、和光さんの家の勝手口を見たら、「WELCOME」って書かれてて。

一同　ははははは！

藤本　まさにそのとおりだと。でも本当に、それはやっぱり姿勢を正して腹から声を出すじゃないですけど、そうやって前に出られる、っていうか。どっかで気持ちが開かれていることに繋がっているんだなあって思うんです。

季子　たしかに地域みんなですよ。やっぱり、それだけの指導を受けたことによって、人前で堂々と話をできるようになる。中学校四つで、弁論大会をやるんですよ。その上位四人中三人は、西成瀬小出身なんですよ、常に。それだけ、堂々と発音するってことです。臆することなく。それが生活態度まで浸透していた。だからことば教育は、ただ話し方の問題じゃなくて、生活態度を変えるっていう。

藤本　僕はこの地域の人たちが、こうやってすぐに心を開いてくれることとか、脈々とあるウェルカムな空気にこそ意味があると思うんです。そこの教育みたいなことがいまの子どもたちに必要なんじゃないかなぁ？　っていうのが、僕らの意見なんです。実際、いまの子どもたち。それこそみなさんのお子さんとかお孫さんとか、どうですか？

見田　いまはやっぱりテレビとかで、日本全国北海道から沖縄まで全部同じような表現してるし。毎日の暮らしがもう、感覚的に東京の真ん中で生活しているのとおんなじような感じじゃないですか。

季子　子どもたち、方言知らないもんな。

藤本　いま、逆に方言教育が要るのかもしれないですね。それで実は僕がすごく好きな秋田弁があって、それは、昨日の和光さんみたいに、なにかしてくれたときに「ありがとうございます」ってお礼を言うと、「なんもなんも」って言うじゃないですか。「なんも」ってすごいいい言葉だな、と思って。しかも「なんも」っていうのは、相手方が「ありがとう」って言ってくれたり、「ごめんね」って言ってくれたときに「なんも」って。つまりそこには必ず対話がありますよね。この地域を少し歩いただけで、いろいろ話しかけてくれて、それが僕らにとってはとても有り難いからお礼を言うと「なんもなんも」って。そういう心持ちに、秋田の人の優しさがあふれているなーってすごく思うんですよね。

みなさん　うんうん。

藤本　誰かになにかを言われたわけでもなく、相手の話を聞いて、「これが求められているんじゃないか？」って、本をわざわざ持って来てくれるような、この地域のみなさんの、もはや、おせっかいに近いくらいの（笑）積極性というかおもてなし精神がこの村の誇りだとしたら、それが僕たちは、この「なんも」っていう言葉に象徴的にあらわれていると思ってですね。ちょっとこれを見てもらえますか……。「ことば先生」の免許状をヒントに、「なんも先生免許状」っていうのを……。

みなさん　ははははは。

藤本　今回の一連の取材のお礼に、みなさんに、「なんも先生免許状」と、そして、「なんも先生バッジ」を作ってきたので。これからもみなさんには、積極的におもてなしいただいて、「ありがとう」って感謝されたら、「なんもなんもなんも」って。

一同　はははは。

藤本　西成瀬のみなさんの「なんも精神」を、これからは「なんも先生」として、子どもたちに伝えていってもらいたいなぁと。昨日みんなで作った手作りなんです。いろんな色があるので好きなのを選んでいただいて……。本当にみなさん今日はありがとうございました。

みなさん　なんも、なんも、なんも（笑）。

もはや、「なんもなんも村」とでも呼びたいくらいの西成瀬。センターを出た僕たちは、一昨日出会ったみなさんにも、「なんも先生免許状」と「なんも先生バッジ」をプレゼントしに行きました。

さいごのサプライズ

西成瀬の人たちに「なんも先生バッジ」をお渡しすることができて、ひと安心した僕たちは、秋田市内へと戻る前に、「内蔵《うちぐら》のある町」として有名な増田町で少し休憩をとることに。たまたま見つけたお店でコーヒーをいただきながら、こっそりと、あるサプライズイベントの準備をはじめます。というのも、この取材の一〇日ほど前に、本誌表紙をはじめ、のんびり取材には欠かせないカメラマンの浅田くん（浅田政志）の第一子、その名も朝日《あさひ》くんが誕生したのです。予想どおり、タバコを吸いに浅田くんが店を出たその間に、プレゼントを用意。タバコを吸い終えてふらり帰って来た浅田くんに、「おめでとーーー!!!」と、いきなりプレゼントを渡します。突然のことに驚きつつも、嬉しそうな浅田くん、早速プレゼントの包みを開けると、なかに「のんびり」特集から大人気となった秋田出身の木版画家、池田修三さんの作品が。「えーーー!!!」そこに描かれた母子像に、奥さんと朝日くんを見た浅田くんは、猛烈に喜んでくれて、僕たちも大満足。そして浅田くんが「嬉しいーーー！　ありがとうございます！」と言ってくれたその瞬間、キターーーーーーッ！　とばかりに、みんなで、「なんもなんもなんもなんもなんも……」。

Photo: Yoma Funabashi

田舎の教養
決して消えないローカルメディアの灯

第1章　ローカルメディアってなんだ？

一月一二日

取材初日の朝、兵庫や東京など各地からやってきた県外チームと、秋田メンバーがのんびり事務所に集合。毎年冬の取材に参加してくれているミュージシャンの青谷明日香ちゃんも無事到着し、まずは今回の特集意図についてあらためてみんなに説明をします。

いまや全国各地でさまざまな地方PR誌が作られるなか、最初は賛否両論あったであろう「のんびり」も、おかげさまで四年も続けるうちにその本意を理解してくださる方が増え、さまざまな局面で好意的に語っていただくようになりました。全国各地で講演やワークショップなどをした際には、「自分たちも『のんびり』のようなものを作りたい」と切実に訴える役所の方や、「『のんびり』を参考に作りました」と実際に雑誌をくれる若者に出会うこともあり、またなにより、毎号毎号、想像を超える数の反応をいただくことに、僕たちは励まされてきました。

こういった反響のすべてを自分たちの成果としてエネルギーに転換してきたことはもちろんなのですが、しかしそれはあくまでも脈々と秋田の人々の教養を培ってきた地元メディアの人たちの功績の上に成り立っているわけで、つまり僕は、前述の手前味噌な自慢話の裏側に、極端に言うならば、人のふんどしで相撲を取っているような、気まずさに似た気持ちを抱えてもいました。

秋田で一番の購読数を誇る秋田魁新報をはじめ、普段は兵庫県に住むよそ者の僕が秋田を知るべく、数々の書籍を読み漁った秋田の出版社、無明舎《むみょうしゃ》出版。また、秋田県出身、現在一〇一歳のジャーナリスト、むのたけじさんなど、影響を受けた秋田の先達は数知れません。地方が意志を持って声をあげることが大切だと思ういまだからこそ、今回の特集は僕たちにとっても、さまざまな地域で活動を続ける人たちにとっても切実なものになるはずだと感じていました。

取材スケジュール

ここで秋田編集チーフのヤブちゃん（矢吹史子）が現状を報告してくれます。相変わらず特集取材の日程は全員が秋田入りする四日間のみ。明後日には表紙撮影もあるゆえ、正味三日間でどこまでやりきれるか。みんなの表情は真剣です。現在すでに約束が取れているのは、表紙撮影にも参加していただくことになっている秋田県の佐竹知事と、秋田県のあきたびじょんアドバイザーの梅原真《うめばらまこと》さん。そして無明舎出版の代表あんばいこうさん。

さらにヤブちゃんにお願いしていたのが、秋田県六郷町（現美郷町）出身、現在は埼玉県にお住まいという、一〇一歳のジャーナリスト、むのたけじさんへの取材でした。終戦を機に朝日新聞の記者を辞めたむのさんは、秋田に戻って三〇年もの間、「週刊たいまつ」なる新聞を発行しておられました。しかしさすがに今回の取材日程で埼玉に伺うのは難しく、調整は厳しいとのこと。ならばせめて「週刊たいまつ」を見るだけでもと、その現物を所蔵する横手市立横手図書館に問い合わせてもらったのですが、現在「週刊たいまつ」のデジタル化を進めている最中で、現物すべてが業者さんのもとにあり、ちょうどいまは見ることができないというのです。なんとも残念なタイミングですが、そうとわかればなにか別の方法で探すしかありません。

と、ここまで共有したところで、のんびりチームにはなかば寝耳に水な今日のスケジュールが告げられます。それは、このあと一三時一五分から一〇分間、ＡＢＳ秋田放送の「ごくじょうラジオ」というラジオ番組に生出演するということでした。

ラジオの現場

ローカルメディアと言われるとき、僕たちはついつい紙媒体を中心に考えてしまうのですが、ラジオやテレビなどの放送メディアもその一つのはずです。そんなときに思い出したのが、ABS秋田放送のラジオディレクター、渡邉洋祐《わたなべようすけ》、通称なべちゃんでした。のんびり秋田メンバーとも仲の良い彼は、これまでも「のんびり」主催イベントの告知など惜しみない協力をしてくれているのですが、なにより彼はラジオというメディアを心から愛していて、そんな彼にまっすぐラジオの話を聞いてみたいと、今夜、約束を取り付けていました。ならばその前にまず、なべちゃんの仕事ぶりをみんなで体感しようと、彼が担当するラジオ番組に、のんびりチーム全員で出演したいと少し無茶なお願いをしていたのです。ということで早速スタジオへと移動。なべちゃんやパーソナリティーのお二人にご挨拶をして、生出演がスタートします。

公開収録用の小さなスタジオに、のんびりチーム総勢一一名がいる光景は、なかなか異様。「のんびり」の説明から、今回の特集内容、さらにはこの出演自体が取材の一つであることを伝え、あっという間に出演時間は終了。しかし、たった一〇分の収録の間にも「のんびり大好きです」とリスナーさんから応援FAXが送られてくるなど、ラジオの浸透力と反応の速さを実感します。そして僕たちはそのままテレビ局へと向かいます。といっても、こちらは出演ではありません。

ガクさん

秋田県の魅力を県外のみなさんに伝えるという目的をもった「のんびり」は、県外配布が多いゆえ、秋田県内ではあまり知る人がいなかったのですが、一転、秋田の方にも広く認知されはじめたきっかけの一つに、池田修三という、いまは亡き木版画家の存在があります。さまざまな企業ノベルティなどに起用され、秋田の人たちにとっては馴染み深かったものの、全国的な知名度は低かった池田修三さんについて特集を組んだところ、全国各地から想像以上の反響をいただきました。それをきっかけに作品集『池田修三木版画集 センチメンタルの青い旗』（ナナロク社）の出版も決まり、いよいよこれは、秋田市内で大きな展覧会を開催し、あらためてわが町の宝物に気づいてもらわねばと考えた僕は、どうにか池田修三さんについてのドキュメンタリー番組を作れないだろうかと考えました。そこで、ＡＢＳ秋田放送出身で、現在は東京でフリーアナウンサーとして活躍する友だちの伊藤綾子ちゃんに相談したところ、「この人ならなんとかしてくれるはず！」と真っ先に紹介してくれたのが、いまから僕たちがお会いすることになっている、ＡＢＳ秋田放送ディレクターのガクさんこと、石川岳さんでした。

二〇一四年の春、単身ＡＢＳにお邪魔した僕は、なんとか初対面のガクさんの胸に届きますようにと必死になって「のんびり」や池田修三さんについて話をしました。じっと耳を傾けてくれるガクさんを前に、まっすぐ思いをぶつけた僕は、あとは「のんびり」や作品集を読んでもらってどう感じてくれるかに賭けるしかない。そう思っていたのですが、話し終わるやガクさんは「これは絶対番組にしなきゃいけないですね。企画書書いてみます」と力強く即答してくれました。なんとガクさん、電話でアポをとってからお会いするまでのたった二日ほどの間に、すでに作品集を購入して読んでくれていたのです。そうして無事放映された番組のおかげで、秋田県立美術館での池田修三展には一万二〇〇〇人もの人が訪れてくれました。また、そのことをきっかけにして、なにやら「のんびり」という雑誌の特集が発端らしいと、県内のみなさんにも僕たちの存在を認識してもらえるようになったのです。ゆえにガクさんは、秋田における池田修三さんのブレイクと、「のんびり」の周知を裏で支えてくれた、とても大切な人なのでした。

出雲くん

そんなガクさんがいま、ちょうど制作中の番組のナレーション収録をしているとのことで、その現場を見せてくれることになっていました。ABS秋田放送に到着すると、ガクさんではなく、同じくABS秋田放送の出雲輝彦くんが待ってくれていました。

出雲くんは数々の番組でガクさんとタッグを組み、先述の池田修三さんに関するドキュメンタリー番組においても撮影を担当してくれていたカメラマンです。以前、二〇〇八年放映のドキュメンタリー「そこに山ありて 〜名峰・鳥海山 神秘の自然〜」というガクさん出雲くんコンビの番組を見せてもらったのですが、二年間、計二〇〇時間以上もの時間を鳥海山の撮影に費やしたというその映像は圧倒的で、画面をとおしてなお伝わってくる厳しくも美しい自然の姿に、失礼ながら地方局にもこんな映像を撮れる人がいるんだと、心底驚きました。

テレビの現場

ナレーションリハーサル中のガクさんに代わり、まるで普段からそういうサービスをしているのかと思うほどのナチュラルさで局内を案内してくれる出雲くん。撮影した映像をどうやって編集するかを古い機材と新しい機材、両方で実践してくれながら、編集機器の進歩がもたらす現場の変化について語ってくれます。「キー局（系列の中心となる東京の放送局）だとラーメンに湯気を足したりすることもあるんですけど、僕はあれはやらない。意地でも湯気は撮る！」なんて出雲くんの言葉に、紙であろうと映像であろうと、僕たちと思いは一緒なんだと実感するのんびりチーム。その後も各所を見学させてもらいつつ、いよいよガクさんの待つナレーション収録現場へ。

ナレーション

高校野球史に残る名勝負として語り継がれる、一九八四年（昭和五九年）第六六回全国高校野球選手権大会準決勝。当時、桑田、清原を擁するPL学園が破竹の勢いで勝ち進むなか、そこに立ちはだかったのは、それまでまったく無名だった秋田県の金足《かなあし》農業高校でした。強豪PL学園をギリギリまで追いつめた、略称、「金農」に秋田県人がおおいに湧いた、かつての興奮から三〇年。桑田投手と競り合った水沢選手をはじめ、高校球児たちのいまを追う、ガクさん渾身のドキュメントでした。偶然にもそのナレーションを担当していたのが、前号で大特集を組ませてもらった劇団わらび座の碓井涼子《うすいりょうこ》さんだったこともあり、目の前で命が吹き込まれていくその番組に、僕たちはどんどん惹き込まれていきました。

ローカルの良さ

そんな僕たちを見て、出雲くんがガラスの向こうで作業を進めるガクさんのことについて語ってくれました。「僕はカメラマンだから、人によっては、なんでお前に言われたとおりに撮らなきゃいけないんだよって思うときも正直あるんですけど、あの人に限ってはまったくないですね。テレビ作りたいためじゃなくて、その先のものを目的にしてやってるから。それにカメラマンのこともちゃんと知ってるんで。こう言えば撮りやすくなるんだろうなとか、こう言えば撮るだろうなとか。だから僕はあの人のもとで全然まだ勉強中です。身内だからあんまり言っても気持ち悪いですけど（笑）。そもそも僕は秋田じゃないと絶対テレビ局やりたくないと思ってるんですけど、自分にとって近所のおじさんだったような人をヒーローとして取材できるこの仕事は、すごい良いなあって思うんです。そこが中央局とは違うローカルの良さだなって。秋田弁で言うと『家の裏のじいさんごどヒーローにできる』っていうのは、すごい商売だなって。」

秋田県立図書館へ

実はガクさんには今夜、ラジオのなべちゃんと一緒にお話を伺う約束をもらっていることもあり、あまりお邪魔にならないよう、早々にABSを退散します。せっかくなのですぐ近くにある秋田県立図書館に行って、秋田の地元メディアについて調べてみることに。そこで驚いたのが、地域新聞の数でした。五大紙とよばれる全国紙よりも圧倒的なシェアを誇る秋田魁新報はもちろん、もっと細かな地域に特化したローカル新聞が秋田にはたくさん。ここ県立図書館閲覧室にあるものだけでなんと一四種類も。それらすべてがいまもなお発行を続けていることに驚きます。そしてさらに予想外だったのが、「本を出版するということ　地方出版・自費出版・同人誌等」と書かれた特設コーナー。まるで僕たちの取材に合わせたかのように展開されていたそのコーナーには、むのたけじさんの「週刊たいまつ」の一部をまとめた書籍や、明日、時間をいただくことになっている無明舎出版の最初の出版物『中島のてっちゃ』など、貴重な本が数々並べられていました。あらためて図書館という場所の意義を感じながら、僕たちはそのうちのいくつかを借りて帰ることにしました。

第2章　秋田の放送局だからできること

ガクさんとなべちゃん

ちょっとした思いつきで向かった図書館ですが、思わぬ収穫を得た僕たちは、ABS秋田放送のなべちゃんとガクさんに再びお会いするべく、のんびりチームお馴染みのお店「京や」へと移動します。秋田の放送メディアに携わるお二人のインタビューは、地方から発信していくことの使命感にあふれていて、それはもはやそれぞれの業界の話ではないのだと、強く感じることができました。

ABS秋田放送テレビディレクター石川岳さん（四七歳）
ABS秋田放送ラジオディレクター渡邉洋祐さん（三八歳）

藤本　今日はありがとうございました。ナレーション録りの現場、ほんと刺激的でした。

石川さん（以下敬称略）　いまは基本的にディレクターが一人で編集しちゃうんでつまらないんですよね。前はカメラマンと二人で喧々諤々《けんけんがくがく》、編集してたんですけど。パソコンの弊害というか、自分でできちゃうから。

藤本　ガクさんはこの仕事をして何年になるんですか？

石川　二五年経ちました。卒業してそのまま秋田に戻って二二歳でＡＢＳに入って、三〇歳まで報道で、そのあと八年間制作にいて、そこからまた四年間報道で、三年前に制作に戻ったんです。

藤本　なべちゃんはＡＢＳに入って何年になるの？

渡邉さん（以下敬称略）　一五、六年ですね。技術で入って。

藤本　じゃあガクさんは一〇年先輩になるんだ。ＡＢＳに入ったのは、地元で働くっていう意識が大きかったんですか？

石川　大学で大阪に行った頃から、秋田で働く、戻って来るんだって地元の企業を探していて、就職活動も地元の企業しかしてないんですよ。

矢吹　なべちゃんは秋田じゃないんだよね。

渡邉　山形です。鶴岡。

藤本　そうか。なんでＡＢＳに？

渡邉　僕は放送局受験をしていて、技術で受かったのがＡＢＳで。父親がＹＢＣ、山形放送っていう、同じ日テレ系の局で働いてて。

石川　そうなの!?

渡邉　兄も放送関係の仕事をしていて。僕もちっちゃい頃からやりたいなと思っていて。大学のときも放送局でバイトしてました。大学は岩手だったので、ＩＢＣ（岩手放送）で。

藤本　まっすぐだね。

渡邉　ガクさんがディレクターで僕がカメラマンみたいな時代もあって。

矢吹　へぇ〜。

石川　中継車とか、電波系って技術職の仕事なんですよね。

矢吹　でも本来やりたいのは違った。

渡邉　ラジオ。

藤本　技術で入るって、ふつうはずっと技術なんじゃないの？

渡邉　そうですね。

藤本　それは自分がいまの仕事を求めたからチェンジできたの？

渡邉　そうです。希望を出して。八年くらい通りませんでしたけど（笑）。

藤本　ガクさんって大学のときは関西弁だったんですか？

石川　いや、秋田弁。

藤本　大阪でも秋田弁っていう感じも含めて、若い頃からそうなんだろうなって思う。良いとか悪いとか、正解不正解とかじゃなくて、自分のなかで見えてるイメージを粛々と組み立てていく人っていう感じが、ナレーション録りを見ていても思いました。

石川　今回のナレーターは初めての方だったんですけど、すごい良かったですよ。上手かったです。わらび座で舞台やっておられるだけあって。声のキレが良かったです。わらび座さんに関しては、私にドキュメントの番組の作り方を教えてくれた、いま、たまたま制作部長をやっているプロデューサーに、わらび座の「政吉とフジタ」を勧められて　私は私でわらび座の俳優さんに一度ナレーションをお願いしてみたいと思っていて。

藤本　僕たちも前号でわらび座さんの特集をさせてもらって、つくづく思ったんですよ。なんでこんなにいい俳優さんがたくさんいるのに、テレビやラジオに出てないんだろう？　って。わらび座って一定のクオリティがある人たちなのに、秋田の人たちがそういうふうに理解していないっていう感じがするから、そこをもっと広げてくれるのがテレビやラジオの放送メディアだよなあって。そう思っていたところに、今回のナレーションだったので。さすが！　と。

石川　大阪だと、バラエティがあって、吉本の芸人さんがバンバン出てっていうのがありますけど、秋田って独自の放送枠がまずないんですよね。ニュースぐらいしか。バラエティって言っても月に一回くらいだから、どうしてもタレント発掘に至らないというか。

藤本　たしかに。地方のテレビマンの声が聞こえてくることって、それこそ「水曜どうでしょう」のＨＴＢ（北海道テレビ）の藤村さんとか、関西だと読売テレビの西田二郎さんとか、ほんの一握りだと思うんですけど、みなさん表現できる枠があったからこそですもんね。

渡邉　テレビは少ないんですけど、ラジオに関しては枠が多いんですよ。だから作り込むっていうよりも、いかに放送し続けるかみたいなところに追われてしまっているようなところがいけないなと思っているんですけど。

石川　ラジオのほうがシンプルだよね。

藤本　ラジオって編集をするイメージがあんまりないというか。おもしろみがまた違いますよね。

渡邉　生な部分が多いので、自分が思ってもいないことが出てきて、ワッて思う瞬間がおもしろいなって思いますね。

矢吹　いまやってる高校生向けの番組もおもしろいよね。

渡邉　あれは、中高生向けの番組をやりましょうってところからはじまったんだけど、とにかく僕がやるんだったらどうしようかなって考えて。毎週秋田駅前に行って、テーマを決めて、その場で中高生にインタビューをして。いまの高校生が実際になにを思ってるのかっていうのを調べるという。

藤本　いいなあ、ライブ感あって。

渡邉　でもはじめたときは、高校生に「ラジオってなんですか？」って（笑）。「ラジオってなにで聴くんですか？」って聞かれて「ラジオ」って答えて（笑）。

藤本　たしかにいまラジオの機械ないもんなあ。

渡邉　でも実際、高校生とかに聴いてもらわないと、と思っていて。

藤本　なべちゃんが高校生のときは、ラジオから流れてくる音楽を好きになって、っていう自分の体験がきっとあるんだよね。

渡邉　そうです。まさに。ラジオっ子。

藤本　逆にガクさんがラジオやるとどうなるんだろう。なべちゃんがテレビとか。

渡邉　でも、次異動するなら、制作とか報道じゃなくて営業でもいいからやっぱりラジオに関わりたいって思います。

藤本　泣けてくるね。ちなみにガクさんが憧れた先輩っているんですか？

石川　いますよ。退職されたカメラマンの方とか。いまだに電話がかかってきます。ふた回り上ぐらいなんで七一歳ぐらいだと思うんですけど、もうもうもうもうもう。

藤本　どういうふうにすごかったんですか？

石川　撮るものに対してすごく明確で、ほんと良い画を撮るんですよ。日本テレビの「NNNドキュメント」っていう番組のカメラマンになりたくてこの世界に入った方で。番組の作り方とかを全部教えてもらいました。お酒が好きな人で、だいたい夜の八時ぐらいまで編集すると、「行こう！」って。朝五時ぐらいまでずっと。実は今回の甲子園の番組の、金足農業の映像は、ほとんどその方が撮っていて。あれは三〇年前の映像で、ふつうは編集したものしか残ってないんですけど、嬉しいことにマザーテープっていう元映像が残ってたんですよ。

矢吹　タイムカプセルみたい。

石川　「ありがとうございます！」って言いながら編集しました。当時は報道の番組だったんで、一分くらいのニーズじゃないですか。そうすると監督のインタビューも「残念です」の一言くらいしか使われない。だけどその方の撮った映像を見ると、選手に向けていい言葉を残したりしてるんですよ。当時は使えなかったんですけど、いまだと番組にすることができるので、まんまもう。

藤本　すごいなあ。そのテープには偶然出合えたんですか？　それとも探したんですか？

石川　今回はまず資料室で検索をして。でも検索ではあまりひっかかってこないんですよ。それで先輩に電話をして、「どのへんに置きました？」って聞いて、「入って右に行ってその奥のほう」って（笑）。で、玉手箱みたいなのがあって、開けたらなかに。

藤本　すごい！　だけど昼間の出雲くんもそうですけど、なべちゃんも今夜ガクさんと一緒だって言ったらやけに緊張してるし、みんなガクさんへのリスペクトがすごいよね。

渡邉　遥か昔に一回だけ飲んだ席でガクさんに言われたのが、放送局に入ってきたのに、やりたいことがないとか、作りたいものがないみたいなのが信じられないって。入ってくるっていうことは、なにかやりたくて入ってくるっていうことだから、みんなやりたいことあるだろ？　やろうよって。

藤本　今日昼間に出雲くんが言ってたのは、ＡＢＳで良かったって。地方局にいるからこそ、すでに評価された人や有名な人ではなくて、市井の人々に光を当てることができる。だから良かったたって言ってたんですけど、ガクさんはいまＡＢＳにいて良かったなって思うところはどこですか？

石川　出雲と同じだと思うんですけど、ずっと密着できるっていうのは良いところだし強いんですよね。日テレにしてもずっと秋田の川反を三〇年追うことはできないじゃないですか。でもうちらはできる。秋田の酒造りしてる人を春夏秋冬追って番組にできる。とにかくまずはそこが一番良いですね。秋田が好きで戻ってきたので、そういう人たちを取材もできるし、全国に発信できるっていうところがやっぱり良いですよね。それにうちの場合は五〇年前からＶＴＲがあって、フイルムが残っている。そういう番組を作ろうと思えばできるっていうところもありますね。秋田のすべてを五〇年ぐらい撮り続けてる放送局なんで。その素材をふんだんに使って、いまもう一回引っぱり出してきて、新しい風を加えていってっていうのも楽しいですね。

第3章　それぞれの、あきたびじょん

一月一三日

ＡＢＳのお二人との熱い夜を経た朝、僕たちは秋田県庁第二庁舎のロビーに集合しました。「ょ」の字が限りなく小さくて、一瞬「あきたびじん」に見える「あきたびじょん」のポスターをはじめ、さまざまなデザインワークで秋田県のＰＲを担ってこられたデザイナーの梅原真さん。普段は高知県にいらっしゃる梅原さんがちょうど秋田に来られたタイミングゆえ、お話を伺えることになっていました。さらに続けて、佐竹知事とも約束をいただいているということで、今日はみんなどこか緊張気味。全員でギュウギュウ詰めになってエレベーターに乗り込み、いざ梅原さんが待つ会議室へ。

秋田県あきたびじょんアドバイザー　梅原真さん（六六歳）

藤本　今回「ローカルメディア」をテーマに、地方から発信していくことの意味について考えたいと思ってるんですが、そもそも「のんびり」は、この表紙にずっとある「あきたびじょん」っていう言葉を僕たちなりに体現していくことにこだわってきたんです。ここであらためて「あきたびじょん」というコピーに込めた思いを聞かせてもらえますか？

梅原さん（以下敬称略）　日本を見たときに、各県全部同じになってしまったと思いますよね。青森県も高知県も宮崎県もどう違うの？　って。つまり、それぞれの県にそれぞれ別の風土、個性があるにもかかわらず、なんかみんな同じになってるなと。今朝もタクシーの運転手さんに「どこから来られたんですか？」って聞かれて「土佐からです」って。土佐には雪がないんですね。で、窓から風景を見ると雪が降っている。でも雪が降っていなかったらひょっとしたら高知かもしれないって思うわけで、別の土地へ来たんだっていうことを教えてくれるのは、結局、自然かいなと。人間が道路を作っちゃうとみんな一緒になっちゃってるなぁっていうのがベースにあります。なので、それぞれの県がどういう県になりたいのかというビジョンやメッセージがまったくないってことがずっと気になっていました。それぞれの県が自分たちがどこへ向かうのかはっきり言うべきなのにな、というのが「あきたびじょん」の大きな考え方のもとでした。それで、政治って、産業を作らなきゃいけないとか、あるいは福祉をしなくちゃいけないとか、そういうことを語るもとに、経済っていうのが一番最初にあるよね。例えば県の豊かさ指標はいわゆる経済の指標を中心に語っていくわけですよ。でもそうやって経済を語っていってその先のことは言わないじゃない。二ヵ月くらい前に国連に安倍総理が行ったよね。

藤本　ええ。

梅原　そこで演説してるのをテレビで見てたら、「エコノミック」を三回言ってた。

藤本　う～ん。

梅原　「エコノミック、エコノミック、アーンド エコノミック！」って。恥ずかし～！と本当にそのとき思って。エコノミックを三回言ったあと「だからここに行きましょう」という話はないんですね。国連ではその話をしてほしい。経済、経済、経済のあとに、こんな国に日本はなりますって言ったらかっこええのに、三連発で経済を言っておしまい。ひょっとしてそこだけ編集してたのかもわからないけどね。だから、まずはどこに行きたいのかのビジョンを示してくださいっていう。

藤本　それぞれのビジョンを。

梅原　僕は政治家じゃないので答えは出せないわけですよ。なので、自分たちの考え方は自分たちで持ってみようよと。エコノミック、エコノミックって言う前に、自分たちはこうなりたいんだっていうメッセージが要るでしょと。だからこそエコノミックが要りますっていう話でね。こんなことを言いたかったのが「あきたびじょん」だったのね。

藤本　なるほど。

梅原　そしたら佐竹知事が去年「高質な田舎を目指す」と、こうおっしゃった。あきたびじょん、すなわち秋田のビジョンはなんですか？　っていうその答えを知事は「高質な田舎」と一言で。すごいなこれは、と。高品質でも上質でもなく、「高質な田舎」という、この言葉にはびっくりしちゃいました。

藤本　梅原さんは秋田のいったいなにが他県と違うと思われますか？

梅原　以前知事と話していたときに、国の重要無形民俗文化財が一番多いのは豊かな証拠なんだとおっしゃったんですよ。そういうことを自分なりに考えてみると、お祭りであるとか、無形の文化がこれだけの時間をかけて残ってきたというのは、生活のベースの部分がたしかに豊かであって、そういうものを残していくとも思っていなくてね、持続していくことが当たり前のこととして残っていってるようなところがあると思うんですね。すでにベースとしてこういうものが大事だよねっていうのが、秋田の暮らしのなかに一定にある。だから「のんびり」にしても、ふつうは行政のボーダーがあるわけよ、絶対に。しかしこういうメディアができてるっていうことは、そういう教養の厚い層があって、そういうなかから無理なくできている。

藤本　梅原さんも高知県の広報誌「とさのかぜ」を作られていましたが、あれはどういうふうにして生まれたんですか？

梅原　橋本大二郎（元高知県知事）という人が、政治にも文化が必要なんだって言いはじめました。どういうことかと言うと「文化の県づくりを進める県民ネットワーク」という委員会に二五人を招集したんですね。僕はその二五人のうちの一人で。土木事業にしてもなんにしても文化が必要でしょと。街のなかでどんな木を植えるの？　枯葉が落ちてやめてくださいよって住民の方が言ってるわけですよ。「木を植えるなんて」って。けど、それはどうなの？　と。あらゆる行政の政策には、文化的な目線が必要であると、そういう委員会でした。そこでいろいろやっているうちに、広報誌が必要だって県が言いはじめました。僕がデザイン的な要素の仕事をしていたので、僕に白羽の矢が立ちました。というところからはじまったのが「とさのかぜ」です。自分が編集長に仕立てられて作っていくなかで、やるんだったらおもしろがってやろうぜと。結構、自由奔放にやってきた。そのなかには、笑いがないとおもろない。高知県のビジョンは笑いです。笑いはなんでいるかっていうと、経済が四七都道府県で四七番目なのでもう笑うしかないのよ。四六番目に行こうとしたなら一生懸命になるしかない。なりたくないよ。バケツの水に喩えるなら、一番底に高知県があると。上へ行こうとするとあっぷあっぷする。それなら、バケツの底を抜いたらええ。底を破った向こうっかわに幸せがあると。そんな感覚で「とさのかぜ」を作ってました。

藤本　「とさのかぜ」はどれぐらい続いたんですか？

Photo: Ryumon Kagioka

梅原　一三年。

藤本　すごい！　五〜六年くらいだと思ってた。ちなみに梅原さんは「のんびり」をどんなふうに見ていただいてますか？

梅原　藤本くんと喋っているうちにおもしろいと思ったのは、取材経過をオープンに、隠し事することなくアプローチすることによって、いままでになかった取材形態、嘘を言えない感じ、改ざんできない取材方法ですよね。取材したことを聞いてまとめれば「ここ、俺はこう言ったけどちょっと違うんだよね」っていう話になるんだけど、そうじゃなくて顔と顔を合わせて本人へアプローチしていく、そこがまったく違う。取材の発明やなと。空気感がよく伝わる。要するに、これまでは相手の言った凝縮された言葉を上手にまとめることがライターの使命であり読者へのサービスだったわけや。ところが違って、相手の言葉をほとんどそのままみたいな感じだから、一瞬、ライターの力はどこにあんねんと思うんですけど、相手のおっしゃっていることをいかにそのまま表現できるかを念頭においた取材方法や技術があり得るわけで。新しい若者の取材方針やなと。

藤本　ありがとうございます。そこまで理解していただけて嬉しいです。

梅原　それにしても、藤本くんも僕も県外の人間ですから、ごっつ遠慮がある。地元のことは地元の人がするべきでしょってのがあって、さっきから言っているそれぞれの県の個性は、自分たちでおやりになってくださいっていうのがベースにあるので、そういう意味では、秋田の人たちと一緒にやるという部分でも、ここにいまいるメンバーのバランスを見ても上手にやっているなと。自分の良し悪しは自分でわかりにくいので、少しロングな目線で地元に近い人と、とんでもないロングな人と。これが一緒になってやると、逆に個性というものが見えて、いいなというものづくりができるので。

藤本 本当に、秋田にしかできないものを作ろうと思ってやってきたんですが、その上でさぁこの先どうするか？ っていう感じなんですけど、梅原さんとして「のんびり」、もしくは地方のメディアがこうなったらいいのにな、と思われることはないですか？

梅原 自分は「とさのかぜ」が終わって五年くらい経つけども、本当に自分たちが作りたいものを作るためには、もう読者からお金をもらうしかない。僕が考えた方法はそれしかなかったです。なので、「会費一万円やで」って言いながら読みたければ会員にならないと読めないよといったものを作って、最近一号目を出しました。その会員さんが四万十川にやってきて、そこでおもしろいことをする企画を盛り込んで、一万円なら許してくれるんじゃないかということをすればいい、っていうふうに思ってやっているんだけど、会員が一七八人だから、いま集まったお金は一七八万円です。それで年間三回とか、なかなかできないでしょ。それが、いま俺が悩んでいること。

藤本 「RIVER」という四万十のやつですよね。

梅原 そう。読者に満足してもらいながら自分たちの表現をしていって、またお金も必要なわけですから、それをどういうふうに上手くコーディネートして持続していくのか。むしろそれを遠くから見せてくれんかと。俺のやつのほうがやばいねん。

一同（笑）。

第4章　のんびりイズムを発信する

梅原さんへのインタビューを終えた僕たちは、秋田県庁本庁舎へと移動。続いて秋田県知事の佐竹知事にお話を伺います。秋田という土地が持つ教養の象徴のような人でした。

佐竹敬久《のりひさ》知事（六八歳）

藤本　早速なんですが、「のんびり」の感想を聞かせていただいてもいいですか？

佐竹知事（以下敬称略）　名前のとおりなんだけども、怠惰な意味ののんびりじゃなくてね。いま、非常に厳しい競争社会のなかで、みなさんピリピリしている、そういう世界だけれども、そういう世界だけではないんだなというか。

藤本　はい。

佐竹　そういう意味で、これはおもしろいのよ。話題も、いろんな捉え方でね、いまの秋田を広く捉えてるから。

藤本　ありがとうございます。

佐竹　こういう本によくあるのはね、なんでもかんでも讃美調。それもないんだよ。割と客観的でね、「ふるさとは良いんだ！」「日本一！」と、そうじゃないのがいいですね。

藤本　四年前ぐらいになりますか、梅原さんと一緒に鼎談させていただいたときの知事の言葉が忘れられなくて。壇上で知事が三〇〇人くらいいらっしゃる県民のみなさんに「僕は秋田を本当に誇りに思ってる。なんて言ったって、うまい飯とうまい酒がある！」っておっしゃってたんですよ。そしたら三〇〇人がドカーン！　って笑って。なんて良い県なんだと。ああいうときに、ふと自分の地元関西を思うと、結局、産業とか経済とか数字の話ばかり。なのに秋田県の知事は、こんなにも堂々と「うまい飯とうまい酒がある！」っておっしゃるのをみて、これこそが豊かさだって思ったんです。こんなふうに地方の人たちが、当たり前に自然な言葉を出していくことがすごく大事だと思うんですけど、知事はそういう地方からの発信ということに対して、どういうふうにお考えですか？

佐竹　秋田はいつもね、田舎だと。遅れてると。遠慮がちというか、卑屈というか、そういうところがあってね。もちろん秋田は東京のような都会ではないし、高層ビルはないし、交通手段もそんなに良くないけど、人が生きる場として東京と比べても遜色はない。やっぱり全体的に楽しんでる人が多いんだと。もうちょっと大きく言うとね、いま世界で争いがいっぱいある。経済社会のなかで勝った負けたと、これはしょうがない。私ももっと競争に強い産業を作ろうと言ってますよ。グローバル社会のなかで競争というのは避けられないけれども、それだけでは人間、疲れる。競争があってもいいけども、暮らしね。日本人はものすごい労働時間で、いっぱい働いてるけど満足感がない。そうするとね、いつのまにか、金を取ることが満足感になってね、でもその満足感だと世界は滅びるんだよ。そうでしょ。奪い合いですよ。やっぱり、分かち合いもなければ。

藤本　はい。

佐竹　そういう分かち合いを理解するためには、人の教養がいる。学問ができるできないを別にしても、人間たる素養ね。それが田舎は高いのよ。そういうなかで、各々が才能を伸ばしながら、その分野の競争の社会で頑張ってもらえればいいねということです。郷土にプライドを持って、お互いに分かち合いながら日々充実感を持って暮らすという、そういうところが増えれば増えるほど争いはなくなるんじゃないかと。

藤本　そうですね。

佐竹　秋田の人は積極的でないと言うけども、これはね、マイナスでもあるけどプラスでもある。人に迷惑かけないからね。人から奪わないから。人から奪わないって非常に良いことですよね。人類が持続性をもって生きるとすると、ある程度ね、田舎がたくさんなければ。しかも田舎の暮らしっていうのはね、実に省エネなんですよ。東京は高いビルを建ててね、真っ昼間から電気をつけなきゃ暮らせない。夏は冷房で冬はガンガン暑くして。移動するにしても全部車と電車。すごくエネルギーが必要ですね。人間のエネルギーも。人間が消耗しちゃうんだよ。

藤本　知事のお話を伺っていると、秋田の人なのに、すごくよそ者的な視点というか、秋田を俯瞰で見ている部分を感じるんですけど、それはどうしてなんでしょう？

佐竹　私がよく秋田の人に言うのはね、天動説になるなと。秋田の人はどちらかというと、内側から外を見る習性がある。それは自分のところで最低限の食料が確保できていることも大きい。よくあるのは、出稼ぎに行った先の大手の会社が大規模にリストラをすると。でも農家出身の人はね、それで飯食えないわけじゃないんですよ。収入は減るけども、次の仕事まで食えるわけだ。都会だったら、またすぐ次に移るしかないでしょ。秋田の人はほとんど自分の家だから。だから外の情報にうといというのはね、それはたしかなんですよ。井のなかの蛙ではダメだと。秋田もね、宇宙から俯瞰するとどうなのかと。

藤本　ええ。

佐竹　昔の藩政時代ならいいけども、いまのグローバリズムのなかで秋田が「高質な田舎」であっても、それをどう活用するかという知恵も必要だし。いろんな能力を発揮するにはよその情報が必要。そういうことで、できるだけよその人のね、よその人という言い方はおかしいかもしれないけど、秋田で暮らしたことのない人がね、秋田をどう見てるかも知らねば。あまりにもね、秋田秋田で固まりすぎると退化するんですよ。維持するためには、いろんな情報を入れて、常に補正して。

藤本　更新されていく。

佐竹　そうそう。いいものは残しながらも変えるものは変えていく。そのためには外の情報ですよ。

藤本　なるほど。「のんびり」は結果的にこれまで四年間やらせていただいて、僕たちも知事の言葉を借りるなら、どんどんチェンジして、更新していかなければなと思ってるんですけど、なにかしら知事として、「のんびり」や秋田のメディアがこうなったらいいんじゃないの？　こういうことやってみれば？　みたいなことがあればぜひ、お聞きしたいです。

佐竹　一つはね、「のんびり」という言葉があるけども、つまりはのんびりイズムを作るってこと。そのための情報発信を続ける。秋田発でも東北発でもいい、東京対地方とかいう対立ではないけれども、地方がこういうのんびりイズムで、ずーっとね、東京、首都圏を包囲しちゃうといった、そういう流れをね。

一同　うふふふふ。

佐竹　これは政治を変えるかもしれないね。

藤本　おお～！

佐竹　これが平和国家の目指す道かもしれない。これからの日本人の、二一世紀後半の生き方に関係しますよ。のんびりっていうのは、ぼやっとしてるっていう意味じゃないですよ。

のんびり考えるとね、非常にいいものが出るんですよ。なにかに追われてキリキリ考えてると、できないですよ。だから意外とね、人間の頭なんていうのは、のんびり考えるほうが平易に動く。だから一つ、そののんびりイズム、のんびリズム運動をね。

藤本　のんびリズム運動！　僕たちはいま、すごく日本というのか、中央というのかが、搾取のほうに向かっていると感じていて、でも自分たちはシェアするほうの世の中に変わっていきたいって思っていて。ここに大きな隔たりを感じるんです。そんななかで、知事がそうやって、堂々と共有していく、シェアしていく時代なんだって、この県から言っていただくことが、僕たちにしたらすごく頼りになるし、あらためて僕らはそういうなかで、まっすぐ堂々と胸を張って「のんびり」って言えてきたんだなと。

佐竹　だからこれをどうするか。「のんびり」発祥の地が秋田でね。そういう意味では応援します。

藤本　ありがとうございます。

佐竹　だからこれからは秋田が中心でなくてもね、この思想をね、秋田も交えながら、同じ例えば東北六県とかに広げて、のんびりイズムが東北六県に。それが秋田発だと。そういうなかで仲間を作っていって。それがさらに広がっていくといいね。

藤本　はい。

佐竹　単なる出版事業っていうだけではなくて、のんびりイズムを広げる季刊誌だと思えば、その仲間作りも、できると思うんだよな。そう思ってる人はいっぱいいると思うんだよ。奪い合いの世の中には限界がありますから。業界紙ばっかり読んでね、毎日グラフばっかり見てね、「これでやると俺のボーナス減るな」とか、そういうことばっかり考えてるとダメだね。身近な仲間を増やして。それでイズムを作っていって、ネットワークを作るという。我々も側面から支援するし、いろんな面でウェブともうまくタイアップしてやっていく方法もある。しかし作る人はあまりのんびりしてられないな（笑）。

藤本 そうなんですよね。今回もどうなることか……。

佐竹 自分ののんびりをね、みんなにくれてやると思えばいいんだよ。

藤本 なんかほっとするなあ。

のんびりイズムを共有するための秋田からの情報発信。佐竹知事の言葉はとても明確で、地方から発信していくことの一つの意味を示してくれた気がします。鍬で土を掘り起こしては、新しい空気を取り込み、真の教養を育んできた秋田の土壌。その懐の深さに僕はあらためて感謝を伝えたいような、そんな気持ちでいっぱいでした。

第5章　地方出版社という生き方

無明舎出版

次は常々お会いしたいと思っていた、無明舎出版の代表、あんばいこうさんの取材です。「のんびり」六号日本酒特集は『夏田冬蔵～新米杜氏の酒造り日記』（森谷康市著）、九号秋田弁特集は『標準語の村～遠藤熊吉と秋田西成瀬小学校』（北条常久著）と、過去の「のんびり」特集において重要な起点となったそれら二冊の書籍だけでなく、僕は数々の無明舎出版の書籍から、秋田のことを勉強させてもらいました。同業の大先輩として緊張を隠せないまま、秋田市内の住宅街のなかにある無明舎出版へと向かいます。インタビューが続きますが、四〇年以上ものあいだ、ここ秋田から全国へと発信し続けてこられたあんばいさんの言葉はとてもリアルで、その静かな情熱に全員が心を打たれました。

無明舎出版舎主　あんばいこうさん（六六歳）

藤本　「のんびり」を作るにあたって、本当にたくさんの無明舎さんの本を参考にさせていただきました。

あんばいさん（以下敬称略）　ありがとうございます。

藤本　こちらこそです。ありがとうございます。とにかくこの本棚に圧倒されるんですけど、無明舎さんの刊行物は、何冊あるんですか？

あんばい　数えたことはないんだけど。一〇〇〇〜一二〇〇冊ぐらいだと。

藤本　これだけ出版を続けていくことの、モチベーションはどういうところにあるんでしょうか？

あんばい　モチベーションというかね、結局、一番大きな野心は、続けていくということ。これが一番大きいんですね。続けていくためには、いわばいまの本がある程度売れて、それが次の本の資金源にならなきゃいけないわけだから、お金っていうのは非常に大切で、そのことは常に忘れない。これはすごくいいことだから秋田のために出さなきゃいけないとか、東北にとって貴重な文化遺産になるとか、そういうことが先走ったとき、非常に怖いですね。レベルの高い原稿とか、どんどん押し寄せるときがあって、やらなきゃいけないなって使命感を持ったりしたときが一番怖い。それはね、突き放さなきゃいけない。

藤本　冷静な判断ができなくなるというか。
あんばい　すごい魅力的なテーマがくると、クラクラってきて。
藤本　きますよね〜。
あんばい　「やってしまおう！」というのはたびたびありましたね。
藤本　無明舎出版は立ち上がって何年になるんですか？
あんばい　七二年に立ち上げてるんで、四五年ぐらいだと思うんだけども。立ち上げたときは古本屋で、ミニコミ誌を出して、要するになにもわからなかったんだよ。秋田大学の学生だったんだよね。なにもわからなかったのが、七六年に初めて本を出したんですね。だから七二年にはじめて、七六年だから、四年後に無明舎出版に改組して、いまは二〇一六年だから、処女出版が出て四〇年なんですけども。無明舎そのものは四四〜四五年。
藤本　無明舎さんのように、地元の題材をその町から出して、且つ、これだけの刊行数がある出版社っていうのは他にもあるものなんでしょうか。
あんばい　僕らが学生のときには、弘前に津軽書房、九州の博多に葦書房っていうのがあった。学生時代からこの二つに「すごいなー、地方でもやれるんだ」って憧れてたんです。初期の一五年間ぐらいはこの二人が師匠みたいなカタチで、しょっちゅう鞄持ちみたいなことをしてました。当時、津軽書房は長部日出雄さんっていう作家の『津軽世去れ節』が直木賞をとって、弘前の出版社から直木賞が出たっていうのが大変な話題になって。葦書房は山本作兵衛っていう人の『筑豊炭坑絵巻』っていう、この記録画が二〇一一年、世界記憶遺産になったって大騒ぎしてたけども、四五年ぐらい前にその本を出して注目されてたり。そういう出版社で、とにかく憧れで。その先輩たちがいて「じゃあ秋田でもやれるな」というかなり軽い気持ちで踏み込んでしまった。

藤本　なるほど。

あんばい　秋田で生きてきて、最初は先生かなんかをやるもんだと思ってた。でも学生の頃から少しずつ変わって、ここでなにができるかってことを考えたその先にあった光が、その二つの出版社だったんですね。

藤本　じゃあ、立ち上げる時点の目標はもちろん「続けること」ではなかったわけですよね。きっと。

あんばい　うん、それは違いますね。一冊目がすごくヒットしたんで、チョロイなあと思って（笑）。

藤本　それが『中島のてっちゃ』ですよね。

あんばい　はい。一万部売れましたからね。こんないい商売ないって思ったのが正直なところ。ところがその次から出せども出せども全然売れなくて、でもまあ思いどおりにいかないのは仕方ない。でも好きな仕事をやってるんだから、一瞬でも長くやっていきたいと。とにかく持続する。そういう意識に変わったのは、はっきりいうと、二〇代は自分にものすごく自信があったんだけども、二〇代過ぎたら、「俺って結構、才能ない」って気づいたわけ。

一同　ふふふふ。

あんばい　まわりはね、作家でもなんでも同年代のきらびやかな才能を持った人がいっぱいいて。コイツらに負けたくない、でも絶対負ける（笑）。全然レベルが違うと思って。でも長く続けてれば、早く死んでくれるかもしれない。

一同　はははははは（笑）。

あんばい　自分は才能がないんだから、長く続けるしかない、長く続けるにはやっぱりお金だと思うんだけども。お金を儲けようということではなくて、例えば社員に対する給料だとか、退職金だとか、こういうことだけは最低限きちっとしようと。きちっとするためには、これはかなりの博打だっていうのを捨てなきゃいけない。その葦書房とか津軽書房とか無頼派って言われるようなタイプの人たちは、ものすごい借金を背負ってでも、素晴らしく良い本を作って世間から絶賛されて、でも内実は火の車で、僕のとこに借金に来る。そういうものも見てるわけ。それもまあ、実にかっこいいんだけども、そうやって借金しながら出した本が葦書房は『逝きし世の面影』という、渡辺京二の本とか。

藤本　平凡社ライブラリーの？

あんばい　名著中の名著ですよね。

藤本　僕も大好きです。

あんばい　日本に来た外国人から見た江戸明治期の日本人の姿を描いた、あの『逝きし世の面影』って本を四〇〇〇円くらいで出すわけですよ。それが結局、会社が追い込まれたってことで、平凡社がその版権を買い取って、いま、二〇万部の大ベストセラーになって。あれは元々は九州から出た本なんですね。俺もああいう本を出せたら幸せだろうなって思ってたけど、結局立ち行かなくなってしまうわけですよ。そういう世界でもあるから。

藤本　なるほどなー。

あんばい　あれだったら僕だってどんな借金しても飛びつくなって思うんだけども、そこのバランスっていうのはものすごく難しいところで。そのへんは結構、臆病だった。それは出版をやる上で欠点なのかもしれないけども。原点にあるのは才能のない人間は長続きするしかないんだという思い。それはいまも同じです。

藤本　すごい。でももはやそれは、続ける才能ですね。実際、本を作ることはできても、それを売るための流通はどうやってスタートしたんですか？

あんばい　もちろん最初は取次会社とか全然相手にしてくれなかったんだけれども、ある紹介者がいて「トーハン」（日販と並ぶ二大取次会社の一つ）との付き合いができて、いざ契約をする寸前で、やめたんですよ。いま考えると、それが、それ以降の無明舎の、あるいはここまでやってこれたことの原因だった。結局、それまで東北の版元でトーハンと契約した出版社ってほとんどないんですね。うちが一番上になるっていう、晴れがましい気持ちがあったんだけれども。つまり差別されないで、東京の出版社と同じ土俵に上がっていいですよと言うんだけども、その代わり、例えばこういう本を出すときはこのぐらいの部数を出しなさいって、あちらからの指示が強くなる。いまの日本の取次の状況っていうのは、売れても売れなくても、何割かのお金が最初に入ってくる。それを返品と相殺しながら削っていくという方法ですから。本さえ出していれば常にお金が入ってくる。逆に言うと、本を出し続けなければいけない。そういうときに、ちょうど地方・小出版流通センターができて。こっちはね、買い切り制なんだよ。全国から注文があったものだけが、ここから出て行く。さらに県内、東北は、教科書販売会社がやってくれるという分担制を選んで、それで何十年間かずっとやってきて。最近はAmazonの台頭で、とにかく僕らみたいな版元にとっては、Amazonはものすごく大きいんですよ。とにかく講談社であろうと無明舎であろうと、買う人はなんの関係もなしだから。

藤本　そうですよね。

あんばい　その代わり、六掛けで四割はAmazonにとられてしまうわけだけれども、うちの場合は週三回はAmazonから注文があって、それの出荷だけでも大変です。だから三十何年前にトーハンと契約しなかったことが、いま、Amazonが出現したことによってハンディキャップでもなんでもなくなった。

藤本　その直感すごいです。契約ギリギリで。

あんばい　自分のペースで本が作れなくなると思った。気持ちとしては、出版を仕事に選んだっていうよりも、生きていくための、おもしろい生き方を選んだっていう感じですね。それがたまたま出版だったから。生き方として選び取ったっていうのはいまでもあるんだよね。どっかずるく、上手く、くぐり抜けたなという部分もあるけども、もう一〇年か一五年ちゃんと見たい。デジタルの世界をもっと見たい。それは自分がデジタルの本を出すか云々っていう問題では全然なくて、言葉を使った表現の世界がどういうふうに変貌していくのかを自分の目で見たい。それにたぶん自分はついていけないだろうけども、とにかく見たい。ものすごく見たい。

藤本　あの、ちょっと話し戻すようなんですけど、取次さん、トーハンさんを断ったときの年齢っておいくつだったんですか？

あんばい　三〇代。三〇代の後半にかかってからですね。

藤本　きっと前半だったら受けてますよね。

あんばい　有頂天になってますよ。トーハンの担当が金田さんっていう係長で、初対面だったんだけど、ものすごく好意的で、そのときは完全に舞い上がった。この人いい人だなと思ったなあ。二〇年ぐらい経ったら、その人、社長になってたんだよ。すごいな、やっぱりあの人。断ってるんだけどね（笑）。「明日ちゃんとハンコ持って来なさいよ」って言われて、その日の夜に酒飲んで、やっぱりやめようと。有頂天から、その酒場でどん底まで落ち込んで。「俺には無理だな」って。当然ね、そこで受けてれば、僕は秋田に帰って来て社員を二倍ぐらいに増やして、ありとあらゆることをやらなきゃいけない。でも、しんどいことやりたくないの。生き方として選んでるから。この楽しい編集の仕事を苦行に変えたくなかった。

一同　う〜〜ん。

あんばい　たぶん売れるし、社員は二倍になるんだけども、そのことと折り合いがつけられなかった。急に不安になって。怖くなって。いまのままのほうがいい。いまなら、僕がどんなことをしても僕一人で責任を負えるけども、二倍、三倍になったらもう僕の手から離れるでしょ。それは僕の臆病さからいったら無理だっていうふうに酒飲みながらどんどん思えてきて、次の日ちゃんと断って。

浅田　すごいな。

あんばい　ほんっとうに良かったと思ってる。断って。だからいまは、逆にもう一〇年か一五年やりたいんで、それに一番大切なのは健康だからってことで、ものすごい健康オタクになってる（笑）。

一同　はははは（笑）。

あんばい　もう一〇年やればね、だいたいライバルはみんな、死ぬよね（笑）。

最終章　自らがたいまつとなって

一月一五日

毎回一大イベントとなる表紙撮影を一日挟んで、今日はいよいよ取材最終日。少し早めに編集部に集合すると、ヤブちゃんからある報告がありました。なんとか取材中に会えればと思っていた、一〇一歳のジャーナリスト、むのたけじさんですが、取材日程からは外れるものの、五日後の一月二〇日に秋田との県境にある岩手県の湯田という町で講演を行うので、その講演後一五分なら時間をいただけるとのこと。全員での取材は叶わないものの、この機会を逃す手はない！　と思った僕は、別取材も含め一九日までだった滞在予定を一日延ばすことを決めました。となれば、いよいよ「週刊たいまつ」の現物だけでも、全員で目にしたいと思うのですが、現在「週刊たいまつ」を所蔵する横手市立横手図書館ではデジタル化の作業を進めており、業者さんに現物が送られてしまっている状況。そこでふと思い出したのが、「のんびり」主催イベントのボランティアスタッフとして参加してくれていた石川靖子さんという女性。「たしかあの人……、横手の図書館の司書をされてたんじゃなかったたっけ？」早速電話をしてもらうと、平鹿図書館という、同じ横手市内の別の図書館にお勤めで、今日もそちらにいらっしゃるとのこと。ということでまずは石川さんに会いにいくべく横手市平鹿地域へ向かいます。

平鹿図書館

のんびり編集部から約一時間半、今回の表紙撮影にも参加いただいた森谷杜氏の蔵「浅舞酒造」の近くにある平鹿図書館に伺うと、司書の石川靖子さんが待っていてくれました。するといきなり……。

石川さん（以下敬称略）　これが「週刊たいまつ」の一号のコピーです。

一同　えぇー！

石川　一号は持っていなかったんですが、今回のデジタル化のことがあって、利用者の知人から横手図書館がもらったものをコピーさせてもらいました。

藤本　ありがとうございます。

石川　さきほど館長から連絡があって、デジタル化を進めている話なんですけど、ちょうど現物が今日返ってくるんだそうです。

藤本　見たいです！

石川　じゃあ連絡とりますので、夕方で大丈夫ですか？

藤本　はい。

石川　わかりました。良かったです〜。

藤本　こちらこそです。

矢吹　月内は難しいってお話を聞いていたので。

石川　私もこの顚末をお話したら館長から電話もらって……。良かったです。

一同　ええーーー!!!?

石川　今日の一五時に図書館に返ってくる予定だそうです。だから一五時以降であれば見られるっていうことでした。

取材最終日にして、まさかの急展開。一号目のコピーを拝見できただけでもドキドキしたのに、ひょっとすると見ることは叶わないかもと思っていた「週刊たいまつ」の現物が示し合わせたかのように今日戻って来るなんて！　と、そこにきてさらに、のんびり秋田メンバーのイマヲ（今井春佳《はるか》）が、今朝ＡＢＳのラジオを聴いていたら、今日横手市で「たいまつ焼き」という行事が行われるって言ってました、なんてことを言い出すから、毎度のことながら「のんびり」取材は最後の最後までまったく気が抜けません。会えないと思っていたむのさんにお会いできることになり、見られないかと思っていた「週刊たいまつ」の現物も見られることになり、さらに、たいまつ焼き？　もはや、たいまつ！　たいまつ！　たいまつ！　のたいまつフィーバー発生です。

「道の駅十文字」

石川さんにお礼を伝え、平鹿図書館を出た僕たちは、「道の駅十文字」に移動して、午後からの動きを話し合います。まずは、お借りした「週刊たいまつ」一号のコピーをみんなで回し読み。冒頭の「主張」と書かれた記事を恐縮ながら要約すると、

「東北は日本の植民地と言われたり、遅れてると言われていて、東北人として残念ではあるが、認めないわけにはいかない。雪国で資源がとぼしかったりするなか、雪国でもできる産業ではなく、雪国だからできる産業に変えなきゃいけない。明確なのは東北人が無気力な冬眠状態を続けていく限り、この植民地状態からは抜け出せないということ。我々はいつまでダルマを続けるのか、そろそろ足を出そう、自分で歩こう。自分の身を焼いて明かりを照らすたいまつ、そのたいまつに我々ひとりひとりがなりたい。」

といったことが、創刊の思いとして熱く書かれていて、仮にこの「東北」や「雪国」を「地方」と置き換えれば、それはまったくもっていまの僕たちの思いであるような気がしました。その地域の人自らがたいまつたるかどうか。いつのまにやら「田舎」は「地方」へ、「地方」は「ローカル」へと、言葉がスマートになっていくと同時に、地方PR誌や、地方自治体発のPR映像なども、オシャレでスマートなものが増えていますが、テクノロジーの成果とデザインの成熟だけをもってクオリティが高いと認識される「ローカルメディア」の現状に、僕は少し疑問をもっていました。しかしいま僕ははっきりとその違和感の正体がわかったように思いました。

「週刊たいまつ」

そのあと僕たちは「週刊たいまつ」の原本を見せていただくべく荷物が届いたばかりの図書館へ。突然の訪問にもかかわらず、職員の佐藤さんが丁寧に対応してくださり、早速その現物を見せてもらえることに。

一九一五年一月二日生まれのむのさんは現在一〇一歳。一九四〇年に朝日新聞社に入社し、中国、東南アジア特派員となるも、終戦を機に戦争責任を感じ、退社。一九四八年からここ秋田県横手市にて「週刊たいまつ」を三〇年もの間出し続けられました。一号四ページのタブロイド紙が綺麗に製本されたそれらの束は、まさに秋田の知の地層そのもので、僕たちは時を忘れて「週刊たいまつ」を読みふけるのでした。

たいまつ焼き

気づけば日も暮れかけていて、大慌てで図書館を出るのんびりチーム。イマヲがラジオで聴いたという「たいまつ焼き」の会場へ向かおうと思うのですが、横手と言えば有名な、かまくらと違って、観光化されたお祭りではないため、ネットで調べるも、おおよその場所しかわかりません。このたいまつ焼き、江戸時代から三〇〇年以上続いている小正月行事で、上醍醐と金屋という二つの地区それぞれの田んぼに五本のたいまつが互いに向き合うように立てられ、五穀豊穣と無病息災を祈ってそれを一斉に燃やすのだそうです。そもそも上醍醐には刀鍛冶が、金屋（金矢）には弓職人がいて、同じ火の神様を奉り参拝しあったのがはじまりと言われているとのこと。いよいよ一目見てみたい！　と思った僕たちは必死になってその場所を探します。

どんどんと日が暮れていくなか、iPhone のマップ画面とにらめっこしつつ、上醍醐地区をウロウロしていると、小さな消防車を発見。もしや？　と思い、田んぼのほうを見てみると、藁で組まれた大きなたいまつが五本立てられていました。あった！　ようやく会場を発見して安堵するのんびりチーム。そこに立てかけられた案内札によると、こちら上醍醐のたいまつはろうそくの芯を表すように細長く、もう一方の金屋はろうそくの台を表すようにずんぐりとした形になっているとのこと。そしてこの行事、男性だけが参加でき、女性はたいまつはもちろん、作る藁に触れることも、焼き場に行くこともできないとのことでした。もちろんまわりに観光客らしき人は一人もおらず、怖々様子を窺っていたのんびりチームですが、徐々に集まって来る集落の人たちが、明らかによそ者な僕たちのことを気にかけてくださり、いろいろとお話してくださいます。さらにお酒まで振る舞ってくださって、みなさんの優しさになんだか寒さを忘れます。一八時ちょうどに打ち上げられた花火を合図に、上醍醐も金屋も一斉にたいまつに火が灯されました。そして僕たち男性陣は、集落の方に案内されるままに、たいまつの近くまで行かせてもらいます。

のんびりメンバー全員での取材の最後を締めくくる、たいまつ焼き。時折激しくなりながら天高く燃え上がるたいまつを眺め、僕は「自分の身を焼いて明かりを照らすたいまつ、そのたいまつに我々ひとりひとりがなりたい」というむのさんの言葉を頭のなかで何度も何度も繰り返していました。

そして、五日後、念願叶ってお会いすることができた、むのさんは、まるでこのたいまつのように激しく熱い方でした。最後に、むのさんの言葉を掲載させていただきます。思い返すほどに胸が熱くなるそのお言葉の一つひとつをどうかしっかり目に焼き付けてください。

むのたけじさん（一〇一歳）

藤本　むのさん今日はありがとうございます。実はこれ、僕たちが作っている「のんびり」という雑誌で、我々はその編集メンバーなんですが、いくつかご質問させていただければと思って来ました。

むのさん（以下敬称略）　はい、はい。

藤本　「たいまつ」を横手で作ろうと思ったときの、一番最初の気持ちといいますか、衝動は、どういうものだったんですか？

むの　それは要するに、私はジャーナリストとして、農業問題と教育問題に、うんと力を入れてた。生活において食い物がなきゃ滅びるわけで、だから農村が大事だと。それで、もう一回自分が出直すために、勉強をやるとなれば、農村の若者たちと力を合わせて、どういう世の中を自分たちが作りたいのか、それをお互いに勉強しながら、その勉強のプロセスを、活字にして仲間で配りながらね。そうして第一歩から、自分たちで自分たちの道を作る。そういうことしかないと思って、「たいまつ」をはじめたんです。自分自身がたいまつとなって照らすのね。だから「たいまつ」なの。

藤本　当時、「たいまつ」以外にも、地域で新聞を作るという動きはありましたか?

むの　ありました。秋田県でも、人口の多い町はたいてい新聞を出しよったんですよ。そのなかで「たいまつ」は、私が新聞記者として戦争を経験して、そこでやるべきことをやれなかったという反省が根底にあるから、他の地域新聞とはちょっと違ったと思います。だけど、地域のなかに根を下ろしてやるというのでは同じ。いま、そういう新聞、雑誌がまた増えてきたそうですね。

藤本　そうですね。

むの　いままた全国あっちこっちで増えたのはなにかって言うと、これがジャーナリズムの原点なの。秋田県の片田舎の最も隅っこでね。ちっぽけなね、資金も少し。でも、「たいまつ」に対してマッカーサー司令部の新聞係は、朝日、読売、毎日のような大新聞と同じに扱っていたの。そのとき接触したアメリカ人は、「アメリカのニューヨークタイムズでも同じだ」と言った。人口が三〇〇〇人になったときに住民が自分たちで金を出して定期刊行物を出したことから生まれた、と。「たいまつ」と同じだと言ってね。そういうふうにして、非常に小さな印刷物だけれども、ジャーナリズムの地域情報運動が、みんなそういうものだと言って励ましてくれましたな。アメリカ人はね。

藤本　いまの時代だからこそまた、そういう地域の新聞やメディアが果たせることがあるんじゃないかと。

むの　とにかくいまは、人々に声を出させる。「たいまつ」は、最初そういう声が出てこなかったから、こっちが聞きに行ってね、記事を書くようにしたときもあります。とにかく声をじゃんじゃん出させるの。次にその声を整理する。そのなかで実現させたいと思うことは、どうやったらいいか。それを側面からね、コンコンとノックしてやるのが、刊行物のやれることです。ある意味限界があるかもしれない。でもそれに応じて読者側が同時に発行者にもなれるの。読者と発行者の共同作業が大切なの。大新聞社が、株式会社朝日新聞社、株式会社毎日新聞社だっていって、新聞を売って儲けるでしょ。これでは仲間じゃないもの。だもんだから、軍部が恐れるような力を生めなかったの。この格好のままじゃダメ。ところが地域新聞は、それにこだわらないもんね。なんでもやりたいように試してみる。

藤本　声をあげることと同じようにいろんな人たちが新聞を作ったりすることも……。

むの　そうそう。最初はね、昭和二三年に秋田県ではじめて、でも当時は声が来ないのよ。だから紙を持って行って、「あなた、ここに言いたいこと書いて」って。実際やったこと。田んぼの野良道に座って「じいさん、いまなに言いたい？　俺書く」って。それで文章を直して「こういうのでいいか？」って。「あんたの名前、歳、書いてもいいか？」って。許可得れば出す。嫌だって言われれば出さない。そういう声を出すことさえもね、昭和二〇年代は、こっち側があたらなければならなかった。いまは違いますよ。いまはもっと言いたがってる。

藤本　むのさんが、ずっと横手にいながら新聞を作っていて、そのなかで、俯瞰で世の中や日本を見ることができたっていうことが、ずーっと地方にいる人たちにとっては希望なんじゃないかなと思うんです。

むの　やっぱりあれですよ。勉強会をやっておったんで。だから発行しながら仲間が二、三人できたら、やっぱり勉強しなきゃダメだな。それが友だ。仲間。それは一番ありがたいんだ。だから、あんたがたも新聞出しながら、仲間が何人か出てくるでしょ。結び合うようにして、お互いに勉強会やるのよ。

藤本　はい。

むの　秋田県の特徴は、開拓者であるほど強いんだよ。東海林《しょうじ》太郎でも石井漠《ばく》でも、ものごとを先頭に立ってやるんだ。ま、だからそういう運動が秋田には出てくるんだなと。……みなさんの作るのを聞いて、心惹かれておりました。だからなにができるだろうか、存分に頑張っておやんなさい。好きなように。

一同　はい。

藤本　今日お話を聞かせていただいて、やりたいという気持ちと、やらねばなという気持ち

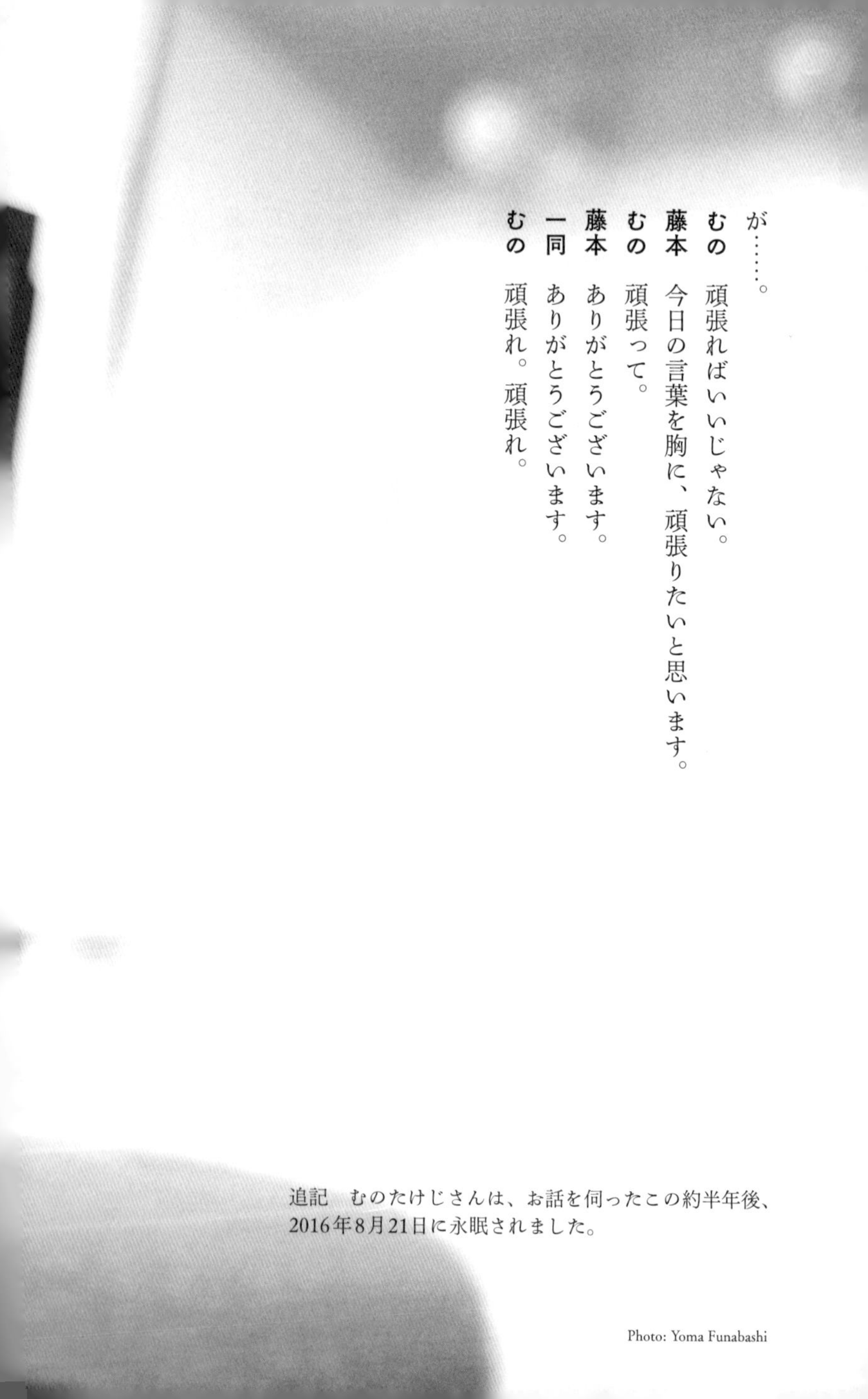

が……。

むの　頑張ればいいじゃない。

藤本　今日の言葉を胸に、頑張りたいと思います。

むの　頑張って。

藤本　ありがとうございます。

一同　ありがとうございます。

むの　頑張れ。頑張れ。

追記　むのたけじさんは、お話を伺ったこの約半年後、2016年8月21日に永眠されました。

Photo: Yoma Funabashi

◎八峰町
「二十年後の日本酒」
白瀑（P134）
山本郡八峰町八森字八森 269
TEL 0185-77-2311

◎北秋田市
「マタギから僕たちが授かったもの」
打当温泉マタギの湯（P34）
北秋田市阿仁打当仙北渡道上ミ 67
TEL 0186-84-2612

◎能代市
「二十年後の日本酒」
天洋酒店（P134）
能代市大町 8-16
TEL 0185-52-3722

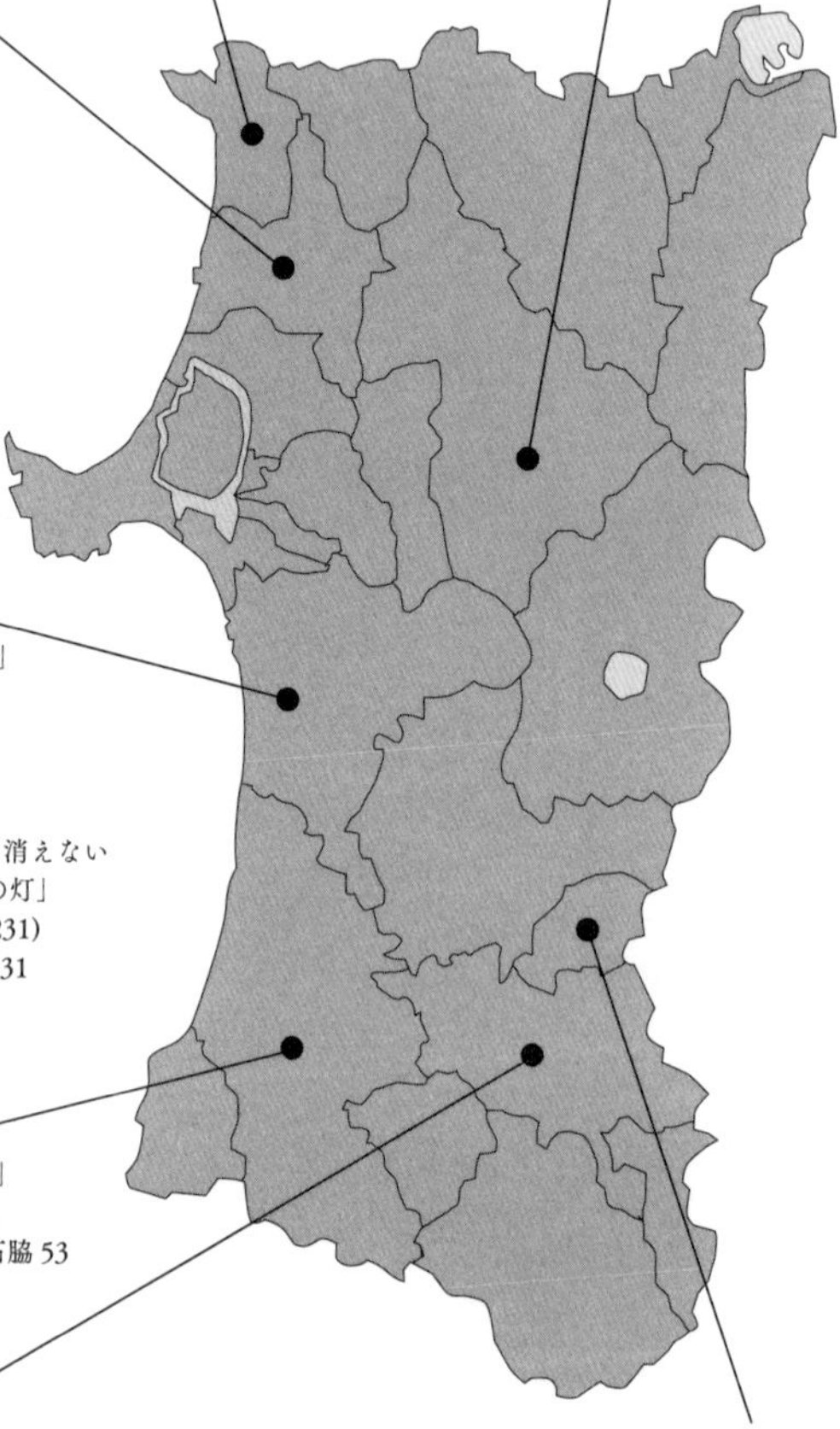

◎秋田市
「二十年後の日本酒」
新政酒造（P155）
秋田市大町 6-2-35
TEL 018-823-6407

「田舎の教養 決して消えない
ローカルメディアの灯」
秋田県立図書館 (P231)
秋田市山王新町 14-31
TEL 018-866-8400

◎由利本荘市
「二十年後の日本酒」
齋彌酒造店（P144）
由利本荘市石脇字石脇 53
TEL 0184-22-0536

◎横手市
「二十年後の日本酒」
浅舞酒造（P116）
横手市平鹿町浅舞字浅舞 388
TEL 0182-24-1030

「秋田弁でしか伝えられないもの」
西成瀬地域センター（P180）
横手市増田町荻袋字真当 72
TEL 0182-45-2657

◎美郷町
「のんびりまっすぐ
寒天の旅」
道の駅雁の里
せんなん（P103）
仙北郡美郷町金沢字下舘 124
TEL 0182-37-3000

Cover Photo:
Masashi Asada

初出

マタギから僕たちが授かったもの　「のんびり」VOL.04 (2013 Spring)

のんびりまっすぐ寒天の旅　「のんびり」VOL.05 (2013 Summer)

20年後の日本酒　「のんびり」VOL.06 (2013 Autumn)

秋田弁でしか伝えられないもの　「のんびり」VOL.09 (2014 Summer)

田舎の教養　決して消えないローカルメディアの灯　「のんびり」VOL.16 (2016 Spring)

＊本書は、初出時のものに加筆・修正をしています。
＊年齢及び肩書きは、初出時のものになります。

風と土の秋田 二十年後の日本を生きる豊かさのヒント

2017年8月3日　初版第1刷発行

著　　者　藤本智士（Re:S）

デザイン　堀口 努（underson）

表 紙 絵　福田利之

扉　　絵　石川飴子

編　　集　熊谷新子

編集協力　のんびり合同会社、秋田県

【秋田県発行フリーマガジン「のんびり」取材制作チーム】
編集長：藤本智士（Re:S）
編集：矢吹史子、田宮慎、笹尾千草、山口はるか（Re:S）、今井春佳
アートディレクション&デザイン：堀口努（underson）
デザイン：澁谷和之（澁谷デザイン事務所）
写真：浅田政志、広川智基、鍵岡龍門、鈴木竜典（R-room）、船橋陽馬、服部和恵（浅田政志・補佐）
アドバイザー：鐙 啓記（NPO法人 あきた地域資源ネットワーク）
http://non-biri.net

発 行 者　孫 家邦

発 行 所　株式会社リトルモア
〒151-0051 東京都渋谷区千駄ヶ谷3-56-6
TEL:03-3401-1042　FAX:03-3401-1052
info@littlemore.co.jp　http://www.littlemore.co.jp

印刷・製本　株式会社東京印書館

ISBN978-4-89815-465-6 C0095